学生艺术体操技术等级

XUESHENG YISHU TICAO JISHU DENGJI

评分标准

PINGFEN
BIAOZHUN

胡效芳　姚明焰　李红艳◎编著

北京师范大学出版集团
BEIJING NORMAL UNIVERSITY PUBLISHING GROUP
北京师范大学出版社

前　言

　　《学生艺术体操技术等级评分标准》(以下简称《评分标准》)的编写以习近平新时代中国特色社会主义思想为指导，落实立德树人根本任务，深入贯彻党的教育方针，落实习近平总书记强调的"加强学校体育工作，推动青少年文化学习和体育锻炼协调发展，帮助学生在体育锻炼中享受乐趣、增强体质、健全人格、锻炼意志"的指示精神，体现社会主义核心价值观，引导广大青少年儿童通过艺术体操运动锻炼和竞赛，强健体魄，陶冶情操，弘扬中华体育精神，强化爱国主义和集体主义教育。

　　《评分标准》是根据中国大学生体育协会审定颁布的《学生艺术体操技术等级动作标准》而制定的评分细则，对每一套等级规定动作的动作分值、动作规格、通级分数以及场地和器械规格等进行了详细规定和说明。《评分标准》是学生艺术体操技术等级规定动作评判的依据，适用于各级各类学生艺术体操比赛或通级比赛。

目　录

第一部分　总　则 /1

　　一、技术等级内容和通级标准 /1

　　二、裁判组 /2

　　三、比赛场地 /2

　　四、器械规格 /4

　　五、比赛服装 /5

　　六、纪律 /5

　　七、重赛 /5

　　八、裁判长扣分 /6

第二部分　评分细则 /7

　　一、成套动作分值分配 /7

　　二、完成动作错误扣分 /7

　　三、动作分值、规格、路线图及评分表 /15

第一部分 总 则

一、技术等级内容和通级标准

学生艺术体操技术等级为十级制，一级为起始级，十级为最高级。一级至十级规定动作可以由个人完成，但不允许对成套动作做任何更改；一级至十级规定动作也可以由 5～8 名运动员以集体的形式完成，集体规定动作的音乐、动作难度和动作顺序不能改变，但是可以对已有的队形和集体协作动作进行创编。

表 1 技术等级和通级标准汇总表

级别	内容	通级标准	
		两套动作得分（≥）	每套动作得分（≥）
一级	徒手操，球操	12 分	5 分
二级	徒手操，圈操	12 分	5 分
三级	徒手操，纱巾操	13 分	6 分
四级	徒手操，绳操	13 分	6 分
五级	徒手操，棒操	14 分	6 分
六级	徒手操，带操	14 分	6 分
七级	徒手操，绳操	16 分	7 分
八级	徒手操，圈操	16 分	7 分
九级	球操，纱巾操	17 分	8 分
十级	棒操，带操	17 分	8 分

注：1. 申请等级的学生需从最低等级向高等级逐级通级，不得越级晋升。中学生和大学生可从三级逐一开始通级。

2. 获得国家体育总局颁发的艺术体操运动员技术等级三级、二级和一级运动员证书的学生，可以分别从学生艺术体操技术等级五级、七级和九级开始通级。

二、裁判组

学生艺术体操技术等级比赛的裁判组由一名裁判长和四名裁判员组成。一级至六级比赛裁判长的裁判级别至少为中级,四名裁判员中至少有两名裁判员的裁判级别为中级;七级至十级比赛裁判长的裁判级别必须为高级,四名裁判员中至少有两名裁判员的裁判级别为高级。

每个裁判组(个人和集体项目)包括一名裁判长和四名裁判员。裁判员负责评价成套动作的完成情况。每一套动作的最后得分为:去掉最高分和最低分,两个中间分的平均分即最后得分。裁判长负责对出界和所有其他有关纪律方面的错误进行扣分,并将这些扣分从最后得分中扣除。

注:1. 所有裁判员必须参加由中国大学生体育协会或中国中学生体育协会组织的学生艺术体操技术等级裁判员培训班,并且考试成绩合格。学生艺术体操裁判员级别分为三个等级,即初级裁判员、中级裁判员和高级裁判员。

2. 裁判员着装要求:裁判员担任裁判工作时必须着正式裁判员服装(白衬衫、深蓝色裙子和外套)。

三、比赛场地

1. 艺术体操通级比赛场馆的高度,一级至四级至少为 3 m,五级至十级至少为 6 m;比赛场地的面积,一级至四级为 8 m×8 m 至 13 m×13 m,五级至十级为 13 m×13 m(包括边线的宽度在内)。

2. 器械或身体任何部位在界外触地,或者器械离开场地后又自行返回,都要扣分。

3. 器械出界,允许使用替换器械;如果器械未出界,则不允许使用替换器械。

裁判长扣分:

·个人或集体队的每个运动员出界或器械出界,每次分别扣 0.20 分。

·器械未出界而使用替换器械,每次扣 0.20 分。

4. 如果器械出界但没有触地,则不扣分。

5. 如果在成套动作结束和音乐结束后器械出界,则不扣分。

表 2　器械或身体出界示例表

身体出界	身体出界	身体出界	身体出界
器械出界	器械出界	器械出界	器械出界，接反弹起的器械
器械出界后又自动返回	器械出界，但未触地	身体和器械都出界	身体和器械都出界
器械出界，使用替换器械	器械未出界，使用替换器械	器械出界，动作与音乐同时结束	集体比赛，两名运动员或器械出界

资料来源：国际体操联合会审定《艺术体操评分规则(1993年版)》

6. 视线员。视线员的职责是观察和记录运动员或器械是否出界，以及器械未出界而使用替换器械。对器械、身体出界或器械未出界而使用替换器械，视线员必须举旗，并在特定的表格中记录该项扣分，在成套动作结束后迅速将扣分表交给裁判长。视线员必须坐在相对的两个角的位置，负责观察和记录两条边线和右侧相邻的角。

四、器械规格

表 3 艺术体操器械规格汇总表

年龄段	器械	重量	长度	直径	质地	其他	颜色
儿童	绳		按身高自定	中间部分相同或加固	麻或合成纤维	两端无柄,可有 1 或 2 个小结	任何颜色
	圈	230 g～280 g		内径：65 cm～75 cm	木或合成材料		
	球	300 g～320 g		15 cm～17 cm	橡胶或软塑料		
	棒	单棒 110 g～150 g	35 cm～40 cm	棒头：3 cm 之内	木或合成材料		
	带	至少 30 g(不包括棍及金属环)	带长：5 m 带宽：4 cm～6 cm 棍长：50 cm	棍：最粗的部分最多 1 cm	带：缎或类似材料 棍：木、竹子、玻璃纤维、铝或合成材料		
	纱巾		100 cm×150 cm				
青少年	绳		按身高自定	中间部分相同或加固	麻或合成纤维	两端无柄,可有 1 或 2 个小结	
	圈	至少 300 g		内径：80 cm～90 cm	木或合成材料		
	球	至少 400 g		18 cm～20 cm	橡胶或软塑料		
	棒	单棒至少 150 g	40 cm～50 cm	棒头：3 cm 之内	木或合成材料		
	带	至少 35 g(不包括棍及金属环)	带长：6 m 带宽：4 cm～6 cm 棍长：50 cm～60 cm	棍：最粗的部分最多 1 cm	带：缎或类似材料 棍：木、竹子、玻璃纤维、铝或合成材料		
	纱巾		120 cm×180 cm				

注：在集体项目比赛中，运动员所使用的器械规格必须完全一致，但颜色可以不同。

裁判长扣分：

· 集体队运动员所使用的器械规格不同，扣0.20分。

五、比赛服装

1. 等级比赛时，运动员必须穿着体操服、紧身的服装或短裤和短袖运动服。服装可以装饰小的丝带、人造钻石及花饰，前提是装饰品不能危及运动员的安全，并且不得影响成套动作的完成，同时还要符合审美标准。集体队运动员的服装必须一致（面料、样式和颜色）。

2. 运动员可以穿艺术体操鞋或体操鞋，也可以赤脚。

3. 运动员妆容要亮丽，发型要整洁，所设计的造型必须健康、自然，不得化怪异妆。

裁判长扣分：

· 个人或集体队运动员的服装不符合规定，扣0.20分。

六、纪律

1. 参赛运动员只有在裁判长示意后，才能进入比赛场地。如果运动员在裁判长示意后20秒内仍不出场，将由裁判长扣0.20分，示意后60秒内仍不出场则被视为弃权。弃权后的运动员将失去参加本项等级比赛的资格。

2. 在集体项目比赛中，运动员之间不得进行口头交流。

3. 个人或集体队运动员入场时不得使用音乐伴奏。

4. 在比赛中，教练员不得以任何方式与运动员交流。

5. 在比赛中，与运动员相关的人员不得干扰裁判员的工作。

裁判长扣分：

· 如果违反以上每一条规定，各扣0.20分。

七、重赛

所有个人和集体队的比赛都不可以重赛，除非出现与运动员无关的特殊情况并经裁判长认可。以下为特殊情况。

1. 播放的音乐出现错误。

2. 音响设备问题导致音乐的播放受到干扰。

3. 有异物进入比赛场地。

4. 运动员责任以外的特殊情况所引起的成套动作中断。

运动员在遇到以上任何一种特殊情况时，应该立即停止做动作。如果成套动作结束后再提出申诉，则不被接受。根据裁判长的决定，运动员在问题解决后可以重做，之前的分数无效。

八、裁判长扣分

表 4　裁判长扣分表

序号	内容	扣分/分
1	运动员身体或器械出界。	0.20
2	器械未出界，使用替换器械。	0.20
3	个人或集体队运动员所使用的器械不符合规定。	0.20
4	个人或集体队运动员的服装不符合规定。	0.20
5	个人或集体队运动员入场时使用音乐伴奏。	0.20
6	运动员提前或推迟出场。	0.20
7	在集体项目比赛中，运动员之间进行口头交流。	0.20
8	在比赛中，教练员与运动员交流。	0.20
9	在比赛中，与运动员相关的人员干扰裁判员的工作。	0.20

注：以上裁判长扣分将从最后得分中扣除。

第二部分　评分细则

一、成套动作分值分配

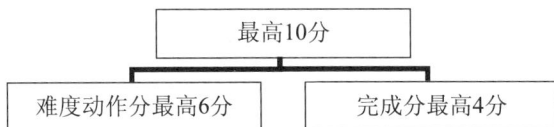

成套动作分值分配

（一）难度动作

1. 难度动作的具体分值详见第二部分评分细则"动作分值、规格、路线图及评分表"。

2. 如果身体难度动作或器械动作的文本描述与视频或图有分歧，则以文本为准。

（二）完成情况

1. 运动员所完成身体动作的姿态和幅度的准确性。

2. 运动员所完成身体动作与器械技术配合的协调性。

3. 运动员运用器械技术的熟练性。

4. 动作与音乐的节拍、乐句和重音配合的准确性。

5. 个人运动员的动作方向、路线以及集体队形变化的准确性。

6. 运动员完成动作时的身体表现力。

二、完成动作错误扣分

在完成成套动作的过程中，个人运动员或集体运动员出现以下错误，将视为未完成规定动作：①器械掉地或运动中断；②做一组动作时未完成所规定的动作数量；

③在完成两个连续的难度动作时附加了中间步；④大跳时两腿的开度不足(一级至六级小于135°，七级至十级小于160°)；⑤平衡动作缺乏幅度或姿态不固定；⑥旋转动作的度数不足(一级至六级差45°不足规定度数，七级至十级不足规定度数)或做立踵转体动作时始终未立踵；⑦集体项目中，如果大多数运动员都没有准确地完成难度动作，则难度无效。

如果出现以上错误，那么评判方法为：①未完成或漏做或由另一个动作代替有分值的动作，扣去分值。②未完成规定动作的同时又出现其他错误。如果错误程度的扣分不超过该动作分值，则扣去分值；如果错误程度的扣分超过该动作分值，则按实际错误进行扣分。

（一）个人项目的动作错误扣分

表5　个人项目一般错误扣分表

扣分/分		0.10	0.20	0.30
总则	身体表现力		成套动作的大部分缺乏身体和面部表现力。	成套动作缺乏身体和面部表现力。
	动作与音乐	1～3个动作与音乐不吻合。	4个及以上动作与音乐不吻合。	成套动作与音乐不吻合。
	动作路线	动作方向、路线错误。		
	身体基本技术	3～5个动作缺乏幅度。	6个及以上动作缺乏幅度。	成套动作缺乏幅度。
		3～5个动作完成不准确。	6个及以上动作完成不准确。	成套动作完成不准确。
		失去平衡，有多余动作，但未移动。	失去平衡，有多余动作，并有移动。	失去平衡，用手支撑或摔倒。
	器械基本技术	3～5个器械动作运用不正确或缺乏熟练性。	6个及以上器械动作运用不正确或缺乏熟练性。	成套动作器械动作运用不正确或缺乏熟练性。
		接器械时，无意用另一只手帮助。	接器械不正确，无意接触身体。	
		抛物线不准确，移动1～3步接空中的器械。	抛物线不准确，移动4步及以上接空中的器械。	
		掉地，无移动捡起。	掉地，短距离移动后(1～3步)捡起。	掉地，在长距离移动后(4步及以上)捡起。
				动作结束时器械掉地，身体与器械无接触。
		注：如果连续掉2根棒，裁判员根据捡起最远的棒所需的步数扣分(仅扣分一次)。		
	规定动作	未完成无分值的动作：1～3个动作。	未完成无分值的动作：4个及以上动作。	

扣分/分		0.10	0.20	0.30
总则	规定动作	代替没有分值的动作：1～3 个动作。	代替没有分值的动作：4 个及以上动作。	
		漏做没有分值的动作：1～3 个动作。	漏做没有分值的动作：4 个及以上动作。	
		在同一地点附加若干动作（每次）。		

表 6　个人项目身体动作错误扣分表

扣分/分		0.10	0.20	0.30
跳		空中姿态控制不好。		
		高度不够。		
		落地重。		
平衡		姿态控制不好。		
		在平衡中调整身体位置。	姿势既不固定，也没有保持住（不足 1 秒）。	
		身体波浪动作不完整或缺乏幅度。	身体轴不垂直，结束时无意上步。	
旋转		姿态控制不好。		
		旋转时小跳。		
		立踵的旋转动作，完成时用脚跟支撑。	身体轴不垂直，结束时无意上步。	
近似技巧动作		近似技巧动作不完整或缺乏幅度。	在手支撑的位置上有停顿或移动。	
		落地重。		
		滚翻动作有腾空。		

表 7　个人项目器械动作错误扣分表

扣分/分		0.10	0.20	0.30
绳		没有准确地握绳的两端。		
		绳的一端脱落，稍中断动作。		
		在大跳或小跳时脚绊绳。	绳无意缠身。	
		绳打结，未中断动作。		绳打结，中断动作。

扣分/分		0.10	0.20	0.30
圈		圈颤动，或圈的运动面改变。		
		绕手转动不规则。	绕圈轴心转动时，转动轴未保持垂直，圈移动。	
		转动时滑到小臂。		
		滚动时有小跳，或在身上无意地不完全滚动。		
		抛的技术不正确。		
		抛后的接：接触前臂。	抛后的接：接触大臂。	
		通过圈时脚绊圈。		
球		用手指抓球，或球靠在前臂上。		
		滚动时有小跳，或在身上无意地不完全滚动。		
		拍球方向不正确，或一组拍球失去节奏。		
		抛：接法不正确。		
棒		摆动和绕环时，棒没有顺手臂延伸。		
		在小绕环和小五花过程中，动作不规则或动作中断。		
		小五花时两臂距离过大。		
		不对称动作中，双棒的运动面不准确。		
		敲击与音乐不一致。		
		抛：接法不正确。		
		在抛和接时双棒的旋转不同步。		

扣分/分	0.10	0.20	0.30
带	握法不正确，或无意持带棍的中部。		
	蛇形和螺形不紧凑，或波浪、环的高度和幅度不一致。		
	带的图形改变，或带的末端没有图形。		
	传递不准确。		
	不正确的接，或接时中断抛物线。	带无意缠身或缠绕带棍。	
	带打小结，对带的运用影响较小。		带打中结或大结，对带的运用有影响。
	带无意留在地上（最多1 m）。	带无意留在地上（超过1 m）。	

（二）集体项目的动作错误扣分

以下表中所列出的动作错误每次出现都要扣分，并且是对出现错误的运动员进行整体扣分(不考虑运动员的人数)，除非是明确标出"每名运动员"。

表8　集体项目一般错误扣分表

扣分/分	0.10	0.20	0.30
身体表现力		成套动作的大部分缺乏身体和面部表现力。	成套动作完全缺乏身体和面部表现力。
动作与音乐	个人节奏与集体节奏缺乏一致性。		成套动作结束时，音乐与动作之间缺乏一致性。
	1～3个动作与音乐不吻合。	4个及以上动作与音乐不吻合。	成套动作与音乐不吻合。
一致性	动作的速度、幅度和表情稍缺乏一致性。	动作的速度、幅度和表情明显缺乏一致性。	动作的速度、幅度和表情完全缺乏一致性。
	运动员动作完成的质量稍不一致。	运动员动作完成的质量明显不一致。	运动员的技术能力显著不同。
	一名运动员自由臂的动作缺乏一致性。		
	器械抛的高度明显不一致。		

扣分/分	0.10	0.20	0.30
队形和移动	队形稍有改变。	队形明显有改变。	
	移动的方向不准确。		
	运动员或器械相撞(+所有后果)。		
身体基本技术	3~5个动作缺乏幅度。	6个及以上动作缺乏幅度。	成套动作缺乏幅度。
	3~5个动作完成不准确。	6个及以上动作完成不准确。	成套动作完成不准确。
	失去平衡,有多余动作,但未移动。	失去平衡,有多余动作,并有移动。	失去平衡,用手支撑或摔倒(每名运动员)。
器械基本技术	3~5个器械动作运用不正确或缺乏熟练性。	6个及以上器械动作运用不正确或缺乏熟练性。	成套动作器械动作运用不正确或缺乏熟练性。
	接器械时无意用另一只手帮助。	接器械不正确,无意接触身体。	
	抛物线不准确,移动1~3步接空中的器械。	抛物线不准确,移动4步及以上接空中的器械。	
	掉地,无移动捡起(每名运动员)。	掉地,短距离移动后(1~3步)捡起(每名运动员)。	掉地,并在长距离移动后(4步及以上)捡起(每名运动员)。
			动作结束时器械掉地,身体与器械无接触(每名运动员)。
	注:1. 如果2名或多名运动员的抛物线不准确,裁判员只对移动步数最多的运动员进行扣分(仅扣分一次)。 2. 如果连续掉2根棒,裁判员根据捡起最远的棒所需的步数扣分(仅扣分一次)。		
规定动作	未完成没有分值的动作:1~3个动作。	未完成没有分值的动作:4个及以上动作。	
	代替没有分值的动作:1~3个动作。	代替没有分值的动作:4个及以上动作。	
	漏做没有分值的动作:1~3个动作。	漏做没有分值的动作:4个及以上动作。	
	在同一地点附加若干动作(每次)。		

表 9　集体项目身体动作错误扣分表

扣分/分	0.10	0.20	0.30
跳	空中姿态控制不好。		
	高度不够。		
	落地重。		
平衡	姿态控制不好。		
	在平衡中调整身体位置。	姿势既不固定，也没有保持住（不足1秒）。	
	身体波浪动作不完整或缺乏幅度，或头部没有参与运动。	身体轴不垂直，结束时无意上步。	
旋转	姿态控制不好。		
	旋转时小跳。		
	立踵的旋转动作，完成时用脚跟支撑。	身体轴不垂直，结束时无意上步。	
近似技巧动作	近似技巧动作不完整或缺乏幅度。	在手支撑的位置上有停顿或移动。	
	落地重。		
	滚翻动作有腾空。		

表 10　集体项目器械动作错误扣分表

扣分/分	0.10	0.20	0.30
绳	没有准确地握绳两端。		
	绳的一端脱落，稍中断动作。		
	在大跳或小跳时脚绊绳。	绳无意缠身。	
	绳打结，未中断动作。		绳打结，中断动作。
圈	圈颤动，或圈的运动面改变。		
	绕手转动不规则。	绕圈轴心转动时，转动轴未保持垂直，圈移动。	
	转动时滑到小臂。		
	滚动时有小跳，或在身上无意地不完全滚动。		

扣分/分	0.10	0.20	0.30
圈	抛的技术不正确。		
	抛后的接：接触前臂。	抛后的接：接触大臂。	
	通过圈时脚绊圈。		
球	用手指抓球，或球靠在前臂上。		
	滚动时有小跳，或在身上无意地不完全滚动。		
	拍球方向不正确，或一组拍球失去节奏。		
	抛：接法不正确。		
棒	摆动和绕环时，棒没有顺手臂延伸。		
	在小绕环和小五花过程中，动作不规则或动作中断。		
	小五花时两臂距离过大。		
	不对称动作中，双棒的运动面不准确。		
	敲击与音乐不一致。		
	抛：接法不正确。		
	在抛和接时双棒的旋转不同步。		
带	握法不正确，或无意持带棍的中部。		
	蛇形和螺形不紧凑，或波浪、环的高度和幅度不一致。		
	带的图形改变，或带的末端没有图形。		
	传递不准确。		
	不正确的接，或接时中断抛物线。	带无意缠身或缠绕带棍。	

扣分/分	0.10	0.20	0.30
带	带打小结，对带的运用影响较小。		带打中结或大结，对带的运用有影响。
	带无意留在地上（最多1 m）。	带无意留在地上（超过1 m）。	

三、动作分值、规格、路线图及评分表

（一）一级徒手操

1. 一级徒手操难度动作分值和规格。

表 1-1-1　一级徒手操难度动作分值和规格表

序号	动作	分值/分	动作规格	未完成界限
1	半蹲同时头侧屈，手臂一位。	0.50	半蹲：两腿有明显屈膝动作，膝部外展，身体重心平稳。	半蹲时双腿无明显屈膝动作，或下蹲时身体过于前倾或后仰，或失去重心。
2	左脚擦地移重心至左腿支撑，右腿抬起勾、绷脚，手臂一位。	0.50	擦地：两腿伸直并充分外旋，脚位准确，脚掌贴地擦出，方向正。 移重心：重心移动时两腿依次屈膝半蹲，上体保持正直，身体重心平稳。 勾、绷脚：踝关节屈、伸明显，身体重心平稳。	擦地时屈膝，或脚离开地面。 重心移动时缺乏屈膝半蹲动作。

序号	动作	分值/分	动作规格	未完成界限
2				
3	半蹲,两臂体侧小波浪,眼看手臂。	0.50	半蹲:两腿有明显屈膝动作,膝部外展,身体重心平稳。 手臂体侧小波浪:动作柔和连贯,波浪圆滑,手臂各关节依次做连贯的推移运动。	半蹲时双腿无明显屈膝动作,或下蹲时身体过于前倾或后仰,或失去重心。 手臂未形成小波浪动作。
4	右脚擦地移重心至右腿支撑,左腿抬起勾、绷脚,手臂经三位至七位。	0.50	擦地:两腿伸直并充分外旋,脚位准确,脚掌贴地擦出,方向正。 移重心:重心移动时两腿依次屈膝半蹲,上体保持正直,身体重心平稳。 勾、绷脚:踝关节屈、伸明显,身体重心平稳。	擦地时屈膝,或脚离开地面。 重心移动时缺乏屈膝半蹲动作。
5	向右侧足尖碎步,两臂波浪上举;左脚前后擦地,两手叉腰。	0.50	足尖碎步:动作协调、自然,重心平稳,立踵高。 擦地:两腿伸直并充分外旋,脚位准确,脚掌贴地擦出,方向正。	足尖碎步未立踵。 擦地时屈膝,或脚离开地面。

序号	动作	分值/分	动作规格	未完成界限
5				
6	向左侧足尖碎步，两臂波浪上举；右脚前后擦地，两手叉腰。	0.50	足尖碎步：动作协调、自然，重心平稳，立踵高。擦地：两腿伸直并充分外旋，脚位准确，脚掌贴地擦出，方向正。	足尖碎步未立踵。擦地时屈膝，或脚离开地面。
7	右、左脚依次向前并步，右脚向侧擦地后成侧吸腿平衡，结合手位变化。	0.50	并步：动作连贯、伸展、协调，节奏清晰，两腿绷直，身体正直。侧吸腿平衡：姿态准确，重心平稳，动力腿大腿面在90°，有明显停顿。	未形成并步动作。侧吸腿平衡时动力腿大腿面低于60°。
8	左、右脚依次向前并步，左脚向侧擦地后成侧吸腿平衡，结合手位变化。	0.50	并步：动作连贯、伸展、协调，节奏清晰，两腿绷直，身体正直。侧吸腿平衡：姿态准确，重心平稳，动力腿大腿面在90°，有明显停顿。	未形成并步动作。侧吸腿平衡时动力腿大腿面低于60°。

序号	动作	分值/分	动作规格	未完成界限
8				
9	直腿坐,两手体侧撑地,左、右腿依次屈直腿前踢和直腿前踢。	0.50	坐姿踢腿:身体正直,腿绷直,踢腿高度大于60°。	踢腿高度小于45°。
10	直腿坐,上体前屈,两手触脚。	0.50	直腿坐,上体前屈:两腿伸直,上体保持胸、背挺直前屈,胸腹贴近腿部,动作幅度大。	上体前屈幅度大于45°。
11	横劈腿,结合手位变化。	0.50	横劈腿:两腿开度180°,脚面朝上,两腿绷直紧贴地面。	两腿开度小于135°。

序号	动作	分值/分	动作规格	未完成界限
12	俯卧上体后屈，两手体前撑地，左、右小腿依次后踢3次，结束姿势。	0.50	俯卧上体后屈：俯卧体后屈最少达到上体与地面垂直，两腿绷直紧贴地面。	上体后屈幅度小于60°。后踢腿少于3次。

2. 一级徒手操成套动作路线见图 1-1-1。

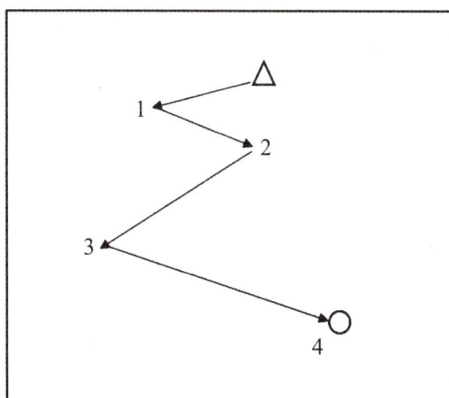

图 1-1-1

3. 一级徒手操难度动作评分表。

表 1-1-2　一级徒手操难度动作评分表

序号	难度动作	分值/分	裁判评分/分
1	半蹲同时头侧屈，手臂　位。	0.50	
2	左脚擦地移重心至左腿支撑，右腿抬起勾、绷脚，手臂一位。	0.50	
3	半蹲，两臂体侧小波浪，眼看手臂。	0.50	
4	右脚擦地移重心至右腿支撑，左腿抬起勾、绷脚，手臂经三位至七位。	0.50	
5	向右侧足尖碎步，两臂波浪上举；左脚前后擦地，两手叉腰。	0.50	
6	向左侧足尖碎步，两臂波浪上举；右脚前后擦地，两手叉腰。	0.50	
7	右、左脚依次向前并步，右脚向侧擦地后成侧吸腿平衡，结合手位变化。	0.50	
8	左、右脚依次向前并步，左脚向侧擦地后成侧吸腿平衡，结合手位变化。	0.50	
9	直腿坐，两手体侧撑地，左、右腿依次屈直腿前踢和直腿前踢。	0.50	

序号	难度动作	分值/分	裁判评分/分
10	直腿坐，上体前屈，两手触脚。	0.50	
11	横劈腿，结合手位变化。	0.50	
12	俯卧上体后屈，两手体前撑地，左、右小腿依次后踢 3 次，结束姿势。	0.50	
	合　计	6.00	

（二）一级球操

1. 一级球操难度动作分值和规格。

表 1-2-1　一级球操难度动作分值和规格表

序号	动作	分值/分	动作规格	未完成界限
1	两腿由前向后滑动经横劈腿成俯卧上体后屈，同时右手持球，两手体前撑地，左、右小腿依次后踢 3 次。	0.50	横劈腿：两腿开度180°，脚面朝上，两腿绷直紧贴地面。俯卧上体后屈：俯卧体后屈最少达到上体与地面垂直，两腿绷直紧贴地面。	横劈腿，两腿开度小于135°。上体后屈幅度小于60°。后踢腿少于 3 次。
2	左、右腿前后分腿跪立，同时右手体侧连续拍球 3 次，左臂侧后举。	0.50	拍球：动作连贯、松弛而柔和，节奏清晰，控制好球，方向准确。	拍球次数少于 3 次。
3	向左侧并步，同时两手持球体前向右大绕环。	0.50	侧并步：姿态准确，动作协调、伸展、连贯。体前大绕环：动作伸展连贯，两臂沿额状面绕环，握球自然。	未形成侧并步动作。大绕环没有形成环，或动作不连贯。

序号	动作	分值/分	动作规格	未完成界限
4	向右侧并步，同时两手持球体前向左大绕环。	0.50	侧并步：姿态准确，动作协调、伸展、连贯。 体前大绕环：动作伸展连贯，两臂沿额状面绕环，握球自然。	未形成侧并步动作。大绕环没有形成环，或动作不连贯。
5	左脚并步跳，同时双臂滚球。	0.50	并步跳：动作连贯，身体正直，空中两腿前后并拢、绷脚尖。 双臂滚球：动作伸展，球的滚动圆滑，没有跳动。	并步跳时没有腾空。球的滚动动作中断。
6	背滚球，两手背后接球。	0.50	背滚球：球的滚动圆滑，没有跳动，并与身体的展、含动作配合协调。	球滚动时动作中断。
7	右脚并步跳，同时双臂滚球。	0.50	并步跳：动作连贯，身体正直，空中两腿前后并拢、绷脚尖。 双臂滚球：动作伸展，球的滚动圆滑，没有跳动。	并步跳时没有腾空。球滚动时动作中断。

序号	动作	分值/分	动作规格	未完成界限
8	背滚球，两手背后接球。	0.50	背滚球：球的滚动圆滑，没有跳动，并与身体的展、含动作配合协调。	球滚动时动作中断。
9	双手中抛球，两臂屈肘胸前接球；右腿前吸腿平衡，两手胸前持球。（注：集体项目为交换动作。）	0.50	双手中抛和接球：抛球动作伸展，接球准确柔和，抛球的高度是运动员身高的一至两倍。前吸腿平衡：姿态准确，重心平稳，动力腿大腿面在90°，有明显停顿。	抛的高度不足，或未接住球。前吸腿平衡时动力腿大腿面低于60°，或没有明显停顿。
10	原地足尖碎步，两手持球向左螺形绕"8"字，接左侧弓步，左手连续拍球3次，右臂侧上举。（注：集体项目中该动作前后顺序调换。）	0.50	螺形绕"8"字：动作连贯、伸展，握球自然。拍球：动作连贯、松弛而柔和，节奏清晰，控制球好，方向准确。	未形成螺形绕"8"字动作。拍球次数少于3次。
11	双手中抛球，两臂屈肘胸前接球；左腿前吸腿平衡，两手胸前持球。	0.50	双手中抛和接球：抛球动作伸展，接球准确柔和，抛球的高度是运动员身高的一至两倍。前吸腿平衡：姿态准确，重心平稳，动力腿大腿面在90°，有明显停顿。	抛的高度不足，或未接住球。前吸腿平衡时动力腿大腿面低于60°，或没有明显停顿。

序号	动作	分值/分	动作规格	未完成界限
11				
12	原地足尖碎步，两手持球向右螺形绕"8"字，接右侧弓步，右手连续拍球3次，左臂侧上举。（注：集体项目中该动作前后顺序调换。） 	0.50	螺形绕"8"字：动作连贯、伸展，握球自然。 拍球：动作连贯、松弛而柔和，节奏清晰，控制球好，方向准确。	未形成螺形绕"8"字动作。 拍球次数少于3次。

2. 一级球操成套动作路线见图1-2-1。

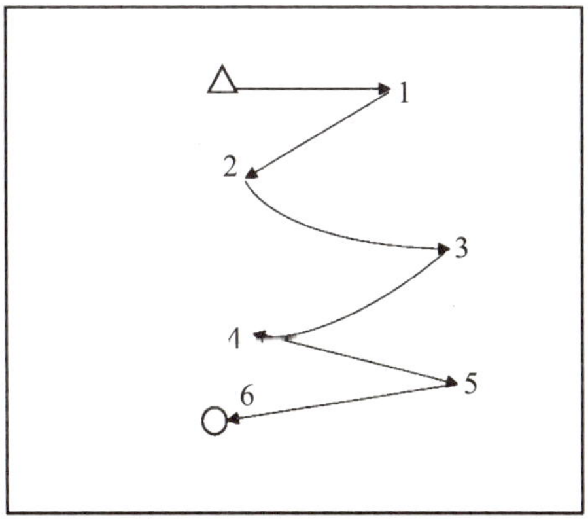

图 1-2-1

3. 一级球操难度动作评分表。

表 1-2-2　一级球操难度动作评分表

序号	难度动作	分值/分	裁判评分/分
1	两腿由前向后滑动经横劈腿成俯卧上体后屈，同时右手持球，两手体前撑地，左、右小腿依次后踢3次。	0.50	
2	左、右腿前后分腿跪立，同时右手体侧连续拍球3次，左臂侧后举。	0.50	

序号	难度动作	分值/分	裁判评分/分
3	向左侧并步，同时两手持球体前向右大绕环。	0.50	
4	向右侧并步，同时两手持球体前向左大绕环。	0.50	
5	左脚并步跳，同时双臂滚球。	0.50	
6	背滚球，两手背后接球。	0.50	
7	右脚并步跳，同时双臂滚球。	0.50	
8	背滚球，两手背后接球。	0.50	
9	双手中抛球，两臂屈肘胸前接球；右腿前吸腿平衡，两手胸前持球。（注：集体项目为交换动作。）	0.50	
10	原地足尖碎步，两手持球向左螺形绕"8"字，接左侧弓步，左手连续拍球 3 次，右臂侧上举。（注：集体项目中该动作前后顺序调换。）	0.50	
11	双手中抛球，两臂屈肘胸前接球；左腿前吸腿平衡，两手胸前持球。	0.50	
12	原地足尖碎步，两手持球向右螺形绕"8"字，接右侧弓步，右手连续拍球 3 次，左臂侧上举。（注：集体项目中该动作前后顺序调换。）	0.50	
合　计		6.00	

（三）二级徒手操

1. 二级徒手操难度动作分值和规格。

表 2-1-1　二级徒手操难度动作分值和规格表

序号	动作	分值/分	动作规格	未完成界限
1	足尖碎步向右旋转360°，两臂依次体侧上下波浪。	0.50	足尖碎步旋转：动作自然、协调，立踵高，旋转充分，重心平稳。 两臂依次体侧上下波浪：动作伸展，波浪圆滑，手臂各关节依次做连贯的推移运动。	足尖碎步旋转度数不足。 两臂未形成波浪效果。
2	身体向左侧波浪，向左旋转90°接身体向前波浪，结合手位变化。	0.50	身体侧波浪接前波浪：动作柔和、连贯、圆滑，幅度充分，重心平稳。	未形成身体波浪效果。

序号	动作	分值/分	动作规格	未完成界限
2				
3	足尖碎步向左旋转270°，两臂依次体侧上下波浪。	0.50	足尖碎步旋转：动作自然、协调，立踵高，旋转充分，重心平稳。 两臂依次体侧上下波浪：动作伸展，波浪圆滑，手臂各关节依次做连贯的推移运动。	足尖碎步旋转度数不足。 两臂未形成波浪效果。
4	身体向右侧波浪，向右旋转90°接身体向前波浪，结合手位变化。	0.50	身体侧波浪接前波浪：动作柔和、连贯、圆滑，幅度充分，重心平稳。	未形成身体波浪效果。
5	左腿向前滑叉接向右旋转180°成俯卧。	0.50	滑叉：滑动流畅，腿绷直外旋，重心平稳，两腿开度180°。	两腿开度小于135°。
6	俯卧，左、右腿依次屈膝后踢，一手撑地，另一臂前上举。	0.50	俯卧后踢腿：踢腿方向准确，动作协调、有力，脚和头尽量形成结环姿势。	后踢腿幅度小于45°。

序号	动作	分值/分	动作规格	未完成界限
6				
7	左手撑地经桥顶胸腰起。	0.50	顶胸腰起：动作连贯，幅度大，重心平稳，顶胸腰起时要经过桥的姿势。桥的动作幅度要充分，髋要正。	顶胸腰起时未经过桥的动作。
7				
8	并步跳接 2 次小跨跳，同时左臂前举，右臂侧举。	1.00	小跨跳：两腿伸直，有明显的腾空，两腿开度 90°，落地轻。	没有明显腾空，或两腿开度小于 60°。
8				
9	两手体前撑地，左腿后踢至向后垂直劈腿。	0.50	向后垂直劈腿：重心平稳，腿绷直外旋，两腿开度达 180°时稍停。	两腿开度小于 135°。
9				
10	右腿前踢接向后一步左腿后踢，然后原地足尖碎步向右旋转 270°，结合手位变化。	0.50	踢腿：踢腿方向准确，动作协调、有力，前踢腿两腿开度 180°，后踢腿两腿开度大于 135°。	前踢腿两腿开度小于 135°。后踢腿两腿开度小于 90°。足尖碎步旋转度数不足。
10				

序号	动作	分值/分	动作规格	未完成界限
11	左腿前踢接向后一步右腿后踢，然后原地足尖碎步向左旋转270°，结合手位变化。	0.50	踢腿：踢腿方向准确，动作协调、有力，前踢腿两腿开度180°，后踢腿两腿开度大于135°。	前踢腿两腿开度小于135°。后踢腿两腿开度小于90°。足尖碎步旋转度数不足。

2. 二级徒手操成套动作路线见图 2-1-1。

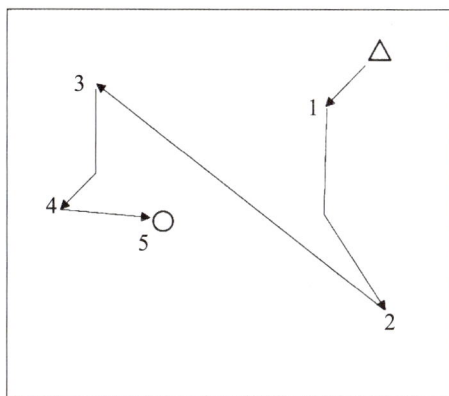

图 2-1-1

3. 二级徒手操难度动作评分表。

表 2-1-2　二级徒手操难度动作评分表

序号	难度动作	分值/分	裁判评分/分
1	足尖碎步向右旋转360°，两臂依次体侧上下波浪。	0.50	
2	身体向左侧波浪，向左旋转90°接身体向前波浪，结合手位变化。	0.50	
3	足尖碎步向左旋转270°，两臂依次体侧上下波浪。	0.50	
4	身体向右侧波浪，向右旋转90°接身体向前波浪，结合手位变化。	0.50	
5	左脚向前滑叉接向右旋转180°成俯卧。	0.50	
6	俯卧，左、右腿依次屈膝后踢，一手撑地，另一臂前上举。	0.50	
7	左手撑地经桥顶胸腰起。	0.50	
8	并步跳接2次小跨跳，同时左臂前举，右臂侧举。	1.00	
9	两手体前撑地，左腿后踢至向后垂直劈腿。	0.50	
10	右腿前踢接向后一步左腿后踢，然后原地足尖碎步向右旋转270°，结合手位变化。	0.50	

序号	难度动作	分值/分	裁判评分/分
11	左腿前踢接向后一步右腿后踢，然后原地足尖碎步向左旋转270°，结合手位变化。	0.50	
	合　计	6.00	

（四）二级圈操

1. 二级圈操难度动作分值和规格。

表 2-2-1　二级圈操难度动作分值和规格表

序号	动作	分值/分	动作规格	未完成界限
1	足尖步，同时右臂上举向外水平转动圈，左臂侧举。	0.50	水平转动圈：手臂伸直，圈在水平面上转动，圈面平稳，动作连贯、圆滑。	转动时圈滑落至手臂，或圈从手中脱落。
2	右腿前吸腿立，同时两手体前向内水平翻转小抛和接圈。	0.50	前吸腿立：重心平稳，立踵高，动力腿大腿面在90°，稍有停顿。水平翻转小抛圈：手臂伸直抛圈，圈绕横轴翻转半周，转速均匀，动作准确、连贯。	动力腿大腿面小于60°。圈未翻转，或未接住圈。
3	圈支撑在地面，右脚进、出圈，左手体前做圈绕垂直轴旋转传递至右手；足尖碎步后退，同时右手体侧向后垂直转动圈，左臂前举。	0.50	圈绕垂直轴旋转：圈绕自身轴心旋转，圈的转动轴心要直，动作连贯、准确。垂直转动圈：圈与地面垂直，圈面平稳，动作连贯、圆滑，节奏稳定。	圈绕垂直轴旋转时圈倒地。转动圈时圈滑至手臂，或从手中脱落。

序号	动作	分值/分	动作规格	未完成界限
4	圈位于腰间，两手向左拨圈后侧举，圈以腰为轴连续水平转动。	0.50	腰间水平转动圈：圈保持在水平面上，转动速度均衡，圈面平稳，动作连贯、圆滑，节奏稳定。	转动时圈掉落到髋部及以下。
5	单腿跪立，左、右腿依次后踢。	0.50	跪立后踢腿：踢腿方向准确，动作协调、有力，两腿开度大于135°。	两腿开度小于90°。
6	跪立向后坐压圈，圈向前翻转上体穿圈，两手向前翻转圈至体前持圈。	0.50	翻转圈穿圈：动作连贯、圆滑，向前翻转一周。	上体未穿过圈。
7	向右交叉步，同时右手体前向内垂直转动圈，左臂侧举；屈膝交换腿跳，两手体前继续转动圈。	0.50	交叉步：动作连贯、协调，重心起伏平稳。屈膝交换腿跳：两腿保持外旋、绷脚，摆腿幅度大，交换腿的动作在空中进行。垂直转动圈：手臂伸直，圈面与地面垂直，动作连贯、圆滑，圈面平稳。	交叉步时没有重心变化。屈膝交换腿跳时没有在空中交换腿。转动圈时圈滑落至手臂，或从手中脱落。

序号	动作	分值/分	动作规格	未完成界限
8	左腿前吸腿平衡,同时右臂上举向内水平转动圈,左臂侧举。	0.50	前吸腿平衡:重心平稳,动力腿大腿面在90°,有明显停顿。水平转动圈:手臂伸直,圈在水平面上转动,圈面平稳,动作连贯、圆滑。	动力腿大腿面低于60°,或没有明显停顿;转动圈时圈滑落至手臂,或从手中脱落。
9	双手持圈2次向前小跳通过圈,接3次连续小跳通过圈。	0.50	小跳通过圈:圈摆动自然、连贯,小跳动作轻松准确,落地柔和,不触碰身体。	通过圈时脚绊圈。小跳通过圈次数不足。
10	右手体侧向内拨圈,圈在地面绕垂直轴旋转,左臂侧上举,然后右手接圈。	0.50	圈在地面绕垂直轴旋转:圈垂直于地面匀速旋转,旋转时不位移、不跳动。	圈旋转时倒地。
11	右脚踏跳步,同时右臂上举持圈向外水平大绕环,左臂侧举;落地时顺势向右旋转180°成右腿屈膝的坐姿,然后两腿伸直,上体前屈。	0.50	踏跳步:腾空高,空中两腿开度在90°以上,落地轻。上体前屈:两腿绷直外旋,动作幅度大,上体尽量贴近大腿。水平大绕环:圈在水平面上绕环,动作流畅、连贯,圈面平稳。	踏跳步时两腿开度小于60°。上体前屈大于45°。未完成圈的水平大绕环动作。

序号	动作	分值/分	动作规格	未完成界限
12	仰卧，右、左腿前踢，同时右手持圈沿地面向上摆动至左手接圈。	0.50	仰卧踢腿：踢腿方向准确，腿伸直，动作协调、有力，两腿开度大于135°。	两腿开度小于90°。

2. 二级圈操成套动作路线见图2-2-1。

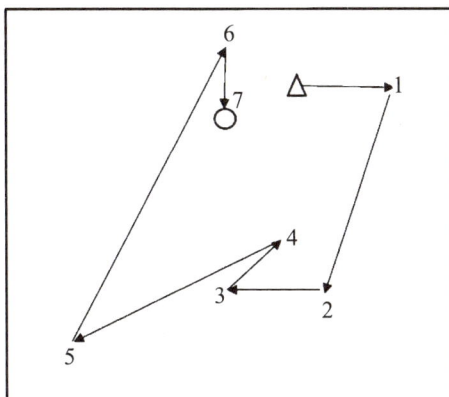

图 2-2-1

3. 二级圈操难度动作评分表。

表 2-2-2　二级圈操难度动作评分表

序号	难度动作	分值/分	裁判评分/分
1	足尖步，同时右臂上举向外水平转动圈，左臂侧举。	0.50	
2	右腿前吸腿立，同时两手体前向内水平翻转小抛和接圈。	0.50	
3	圈支撑在地面，右脚进、出圈，左手体前做圈绕垂直轴旋转传递至右手；足尖碎步后退，同时右手体侧向后垂直转动圈，左臂前举。	0.50	
4	圈位于腰间，两手向左拨圈后侧举，圈以腰为轴连续水平转动。	0.50	
5	单腿跪立，左、右腿依次后踢。	0.50	
6	跪立向后坐压圈，圈向前翻转上体穿圈，两手向前翻转圈至体前持圈。	0.50	
7	向右交叉步，同时右手体前向内垂直转动圈，左臂侧举；屈膝交换腿跳，两手体前继续转动圈。	0.50	
8	左腿前吸腿平衡，同时右臂上举向内水平转动圈，左臂侧举。	0.50	
9	双手持圈2次向前小跳通过圈，接3次连续小跳通过圈。	0.50	
10	右手体侧向内拨圈，圈在地面绕垂直轴旋转，左臂侧上举，然后右手接圈。	0.50	

序号	难度动作	分值/分	裁判评分/分
11	右脚踏跳步，同时右臂上举持圈向外水平大绕环，左臂侧举；落地时顺势向右旋转180°成右腿屈膝的坐姿，然后两腿伸直，上体前屈。	0.50	
12	仰卧，右、左腿前踢，同时右手持圈沿地面向上摆动至左手接圈。	0.50	
	合　计	6.00	

（五）三级徒手操

1. 三级徒手操难度动作分值和规格。

表 3-1-1　三级徒手操难度动作分值和规格表

序号	动作	分值/分	动作规格	未完成界限
1	足尖碎步后退，身体螺旋波浪，两臂随身体绕至侧举。	0.50	身体螺旋波浪：身体各部位依次屈伸的动作要连贯、柔和、幅度大，重心平稳。	未形成螺旋波浪效果。
2	向右、左侧华尔兹步，两臂水平面摆动至六位。	0.50	侧华尔兹步：动作协调、连贯、柔和，步幅均匀。	动作僵硬，或未形成华尔兹步。
3	向左、右侧华尔兹步，两臂水平面摆动至六位。	0.50	侧华尔兹步：动作协调、连贯、柔和，步幅均匀。	动作僵硬，或未形成华尔兹步。
4	右腿前吸腿平衡，两臂侧举，接左腿前吸腿平衡，两臂交叉手触肩，抬头挺胸。	0.50	前吸腿平衡：重心平稳，动力腿大腿面在90°，有明显停顿。	动力腿大腿面低于60°，或没有明显停顿。

序号	动作	分值/分	动作规格	未完成界限
4				
5	左脚向前华尔兹向右旋转180°，接右腿向后华尔兹向右旋转180°，结合手位变化。	0.50	华尔兹右转180°：动作协调、连贯、柔和，步幅均匀，旋转充分、准确。	动作僵硬，或未形成华尔兹步，或旋转度数不足。
6	3次左、右腿依次侧吸腿立，两臂前上举。	0.50	侧吸腿立：重心平稳，立踵高，动力腿大腿面在90°。	动力腿大腿面低于60°。
7	右脚分腿跳，左脚上步起跳右腿侧摆，落地时成右脚在前的五位站立；右、左腿依次侧吸腿立，结合手位变化。（重复一次）	0.50	分腿跳：腾空高，姿态准确，两腿开度在90°以上，落地轻。 侧吸腿立：重心平稳，动力腿大腿面在90°，稍有停顿。	分腿跳两腿开度小于60°。 侧吸腿立时动力腿大腿面低于60°。
8	2次向右后踢腿跳转360°，两臂波浪侧上举。	0.50	后踢腿跳转360°：跳步有腾空，空中交换腿，旋转充分，落地轻。	两腿未在空中交换，或跳转不足315°。

序号	动作	分值/分	动作规格	未完成界限
9	2次五位交换腿跳，手臂一位；起踵立，两臂前上举。	0.50	五位交换腿跳：空中两腿绷直外旋，在空中两腿交换，动作轻盈、连贯，节奏鲜明。	五位跳时没有腾空动作，或两腿未在空中交换。
10	2次向右交叉步，左、右手依次交叉触肩；向右垂直跳转360°成起踵立，手臂三位。（注：集体项目为垂直跳转90°以上。）	0.50	交叉步：动作连贯、协调，重心起伏平稳。垂直跳转360°：空中两腿绷直外旋，身体保持垂直，腾空高，旋转充分。	交叉步没有重心变化；跳转不足315°。
11	2次屈膝交换腿跳，手臂六位。	0.50	屈膝交换腿跳：两腿保持外开，空中屈膝交换腿，动作轻盈、连贯，腾空高。	没有在空中交换腿。
12	右脚踏跳步，右臂前上举，左臂侧后举。	0.50	踏跳步：腾空高，姿态准确，两腿开度在90°以上，落地轻。	踏跳步两腿开度小于60°。

2. 三级徒手操成套动作路线见图 3-1-1。

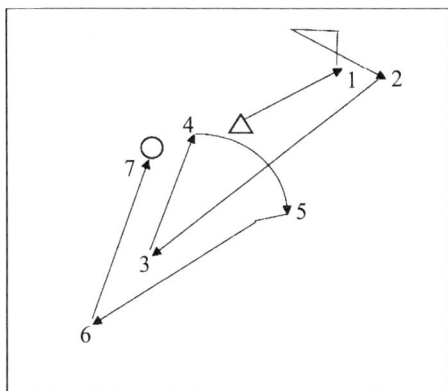

图 3-1-1

3. 三级徒手操难度动作评分表。

表 3-1-2　三级徒手操难度动作评分表

序号	难度动作	分值/分	裁判评分/分
1	足尖碎步后退，身体螺旋波浪，两臂随身体绕至侧举。	0.50	
2	向右、左侧华尔兹步，两臂水平面摆动至六位。	0.50	
3	向左、右侧华尔兹步，两臂水平面摆动至六位。	0.50	
4	右腿前吸腿平衡，两臂侧举，接左腿前吸腿平衡，两臂交叉手触肩，抬头挺胸。	0.50	
5	左脚向前华尔兹向右旋转180°，接右腿向后华尔兹向右旋转180°，结合手位变化。	0.50	
6	3次左、右腿依次侧吸腿立，两臂前上举。	0.50	
7	右脚分腿跳，左脚上步起跳右腿侧摆，落地时成右脚在前的五位站立；右、左腿依次侧吸腿立，结合手位变化。（重复一次）	0.50	
8	2次向后踢腿跳转360°，两臂波浪侧上举。	0.50	
9	2次五位交换腿跳，手臂一位；起踵立，两臂前上举。	0.50	
10	2次向右交叉步，左、右手依次交叉触肩；向右垂直跳转360°成起踵立，手臂三位。（注：集体项目为垂直跳转90°以上。）	0.50	
11	2次屈膝交换腿跳，手臂六位。	0.50	
12	右脚踏跳步，右臂前上举，左臂侧后举。	0.50	
合　计		6.00	

（六）三级纱巾操

1. 三级纱巾操难度动作分值和规格。

表 3-2-1　三级纱巾操难度动作分值和规格表

序号	动作	分值/分	动作规格	未完成界限
1	左、右腿依次侧吸腿平衡，同时两手持纱巾体前左右摆动，还原起踵立。	0.50	侧吸腿平衡：重心平稳，动力腿大腿面在90°，有明显停顿。摆动：动作伸展、柔和、松弛，纱巾飘动并充分展开。	动力腿大腿面低于60°，或没有明显停顿。未形成纱巾的摆动动作。
2	左脚向左侧并步，同时两手体前摆动纱巾，向左旋转90°，上体前屈并将纱巾摆至体前；足尖碎步后退向左翻身旋转270°，右手持纱巾向后大绕环。	0.50	翻身转：翻身时保持挺胸抬头姿势，翻转圆滑，重心平稳，旋转充分。大绕环：动作连贯，绕环面垂直于地面，纱巾飘动并能展开。	翻身转时旋转不足270°。未完成纱巾的大绕环动作。
3	右、左腿依次侧吸腿平衡，同时两手持纱巾体前右、左摆动，还原起踵立。	0.50	侧吸腿平衡：重心平稳，动力腿大腿面在90°，有明显停顿。摆动：动作伸展、柔和、松弛，纱巾飘动并能充分展开。	动力腿大腿面低于60°，或没有明显停顿。未形成纱巾的摆动动作。
4	右脚向右侧并步，同时两手体前摆动纱巾，向右旋转90°，上体前屈并将纱巾摆至体前；足尖碎步后退向右翻身旋转270°，左手持纱巾向后大绕环。	0.50	翻身转：翻身时保持挺胸抬头姿势，翻转圆滑，重心平稳，旋转充分。大绕环：动作连贯，绕环面垂直于地面，纱巾飘动并能展开。	翻身转时旋转不足270°。未完成纱巾的大绕环动作。

序号	动作	分值/分	动作规格	未完成界限
4				
5	右、左脚向前两步半蹲,动力腿侧点,同时两手持纱巾向左水平"8"字绕环。 	0.50	水平"8"字绕环:动作连贯、伸展,绕环面准确,纱巾飘动并能展开。	未形成"8"字绕环,或纱巾没有展开。
6	起踵立向上抛纱巾,然后接纱巾的另一边。 	0.50	抛纱巾:动作伸展,纱巾飘并全部展开,接纱巾准确。	抛纱巾时纱巾没有展开,或未接住纱巾。
7	小跨跳,两手侧上举,体后持纱巾。 	0.50	小跨跳:两腿伸直,有明显的腾空,两腿开度90°,落地轻。	小跨跳没有腾空,或两腿开度小于60°。
8	跪立,同时两手持纱巾向左水平"8"字绕环至体前,上体前屈。 	0.50	水平"8"字绕环:动作连贯、伸展,绕环面准确,纱巾飘动并能展开。	未形成"8"字绕环,或纱巾没有展开。

序号	动作	分值/分	动作规格	未完成界限
9	右腿跪立,左脚侧点地,两手向上摆动纱巾,向左旋转90°,跪坐于右腿上体前屈,右手向前摆动纱巾。	0.50	跪坐上体前屈:前腿绷直外旋,动作幅度大,上体尽量贴近大腿。摆动:动作伸展、柔和、松弛,纱巾飘动并充分展开。	上体前屈大于45°。未形成纱巾的摆动动作。
10	右腿半劈腿坐,左腿向后伸直,右手撑地,左手持纱巾向外水平大绕环。	0.50	大绕环:动作连贯,绕环面与地面平行,纱巾飘动并能展开。	未形成纱巾的大绕环动作。
11	2次向右左腿侧吸腿转体180°,两手体右侧持纱巾。	0.50	侧吸腿转体180°:立踵高,旋转充分,动力腿大腿面在90°。	动力腿大腿面低于60°,或旋转度数不足。
12	足尖碎步后退,同时两手体前持纱巾右、左摆动;直立两手持纱巾向左水平"8"字绕环,然后将纱巾缠绕在手上。	0.50	水平"8"字绕环:动作连贯、伸展,绕环面准确,纱巾飘动并能展开。	未形成"8"字绕环,或纱巾没有展开。

2. 三级纱巾操成套动作路线见图 3-2-1。

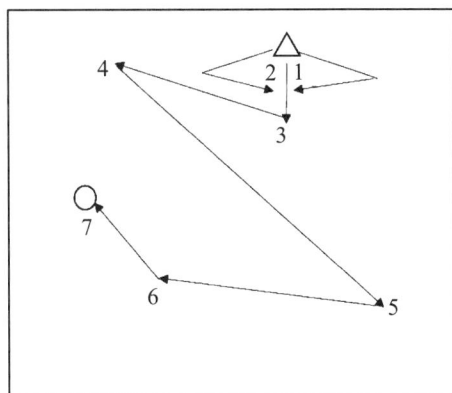

图 3-2-1

3. 三级纱巾操难度动作评分表。

表 3-2-2　三级纱巾操难度动作评分表

序号	难度动作	分值/分	裁判评分/分
1	左、右腿依次侧吸腿平衡，同时两手持纱巾体前左右摆动，还原起踵立。	0.50	
2	左脚向左侧并步，同时两手体前摆动纱巾，向左旋转 90°，上体前屈并将纱巾摆至体前；足尖碎步后退向左翻身旋转 270°，右手持纱巾向后大绕环。	0.50	
3	右、左腿依次侧吸腿平衡，同时两手持纱巾体前右左摆动，还原起踵立。	0.50	
4	右脚向右侧并步，同时两手体前摆动纱巾，向右旋转 90°，上体前屈并将纱巾摆至体前；足尖碎步后退向右翻身旋转 270°，左手持纱巾向后大绕环。	0.50	
5	右、左脚向前两步半蹲，动力腿侧点，两手持纱巾向左水平"8"字绕环。	0.50	
6	起踵立向上抛纱巾，然后接纱巾的另一边。	0.50	
7	小跨跳，同时两手侧上举，体后持纱巾。	0.50	
8	跪立，同时两手持纱巾向左水平"8"字绕环至体前，上体前屈。	0.50	
9	右腿跪立，左脚侧点地，两手向上摆动纱巾，向左旋转 90°，跪坐于右腿上体前屈，右手向前摆动纱巾。	0.50	
10	右腿半劈腿坐，左腿向后伸直，右手撑地，左手持纱巾向外水平大绕环。	0.50	
11	2 次向右左腿侧吸腿转体 180°，两手体右侧持纱巾。	0.50	
12	足尖碎步后退，同时两手体前持纱巾右、左摆动；直立两手持纱巾向左水平"8"字绕环，然后将纱巾缠绕在手上。	0.50	
合　计		6.00	

（七）四级徒手操

1. 四级徒手操难度动作分值和规格。

表 4-1-1 四级徒手操难度动作分值和规格表

序号	动作	分值/分	动作规格	未完成界限
1	跪立上体后屈，两臂体侧向前大绕环至两手撑地左腿向后垂直劈腿。	0.50	跪立上体后屈：后屈幅度大，重心平稳。 向后垂直劈腿：腿绷直外旋，重心平稳，两腿开度达180°时稍停。	上体后屈大于45°。 垂直劈腿两腿开度小于135°。
2	左腿屈膝后举腿平衡，左臂侧举，右臂侧上举。	0.50	屈膝后举平衡：重心平稳，立踵高，两腿开度90°，有明显停顿。	两腿开度小于60°，或没有明显停顿和立踵。
3	左脚踏跳步，两臂侧波浪。	0.50	踏跳步：腾空高，两腿开度在90°以上，落地轻。	两腿开度小于60°。
4	右腿经前吸至前举腿立，左臂上举，右臂侧举，接向前并步跳，两臂侧举。	0.50	经前吸腿至前举腿立：重心平稳，立踵高，动力腿伸直，大腿面在90°。	动力腿大腿面低于60°。

序号	动作	分值/分	动作规格	未完成界限
5	2次五位至二位立，两臂侧举依次转动手腕；向右右腿侧吸腿转体360°，手臂二位。	0.50	五位至二位立：脚位准确，立踵和半蹲平稳，身体正直。侧吸腿转体：重心平稳，立踵高，旋转充分，动力腿大腿面在90°。	脚位动作不正确。转体时动力腿大腿面低于60°，或转体不足315°。
6	右脚踏跳步，两臂侧波浪。	0.50	踏跳步：腾空高，两腿开度在90°以上，落地轻。	两腿开度小于60°。
7	左腿经前吸至前举腿立，右臂上举，左臂侧举，接向前并步跳，两臂侧举。	0.50	经前吸腿至前举腿立：重心平稳，立踵高，动力腿伸直，大腿面在90°。	动力腿大腿面低于60°。
8	2次五位至二位立，两臂侧举依次转动手腕；向左左腿侧吸腿转体360°，手臂二位。	0.50	五位至二位立：脚位准确，立踵和半蹲平稳，身体正直。侧吸腿转体：重心平稳，立踵高，旋转充分，动力腿大腿面在90°。	脚位动作不正确。转体时动力腿大腿面低于60°，或转体不足315°。

序号	动作	分值/分	动作规格	未完成界限
8				
9	两腿开立，躯干向右绕环，结合手臂动作。	0.50	躯干绕环：动作协调，速度均匀，屈体应在腰水平线，绕环充分。	躯干明显高于腰水平面，或绕环少于315°。
10	双脚起跳的鹿跳，两臂侧上举。	0.50	鹿跳：腾空高，姿态准确，两腿开度180°，前腿充分折叠，落地轻。	两腿开度小于135°，或前腿折叠度数大于60°。
11	2次向右后踢腿跳转360°，两臂上下摆动。	0.50	后踢腿跳转360°：腾空高，空中交换腿，旋转充分，落地轻。	两腿未在空中交换，或跳转不足315°。
12	前滚翻。	0.50	前滚翻：向前滚动迅速、圆滑而平稳。	滚动中断。

2. 四级徒手操成套动作路线见图 4-1-1。

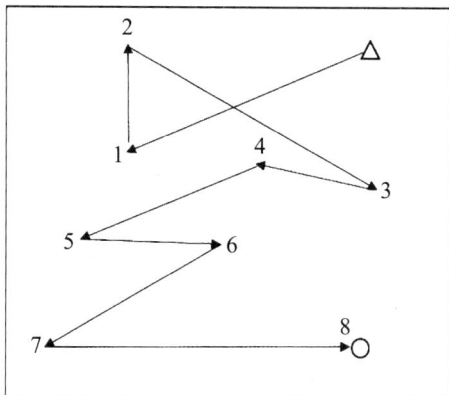

图 4-1-1

3. 四级徒手操难度动作评分表。

表 4-1-2　四级徒手操难度动作评分表

序号	难度动作	分值/分	裁判评分/分
1	跪立上体后屈，两臂体侧向前大绕环至两手撑地，左腿向后垂直劈腿。	0.50	
2	左腿屈膝后举腿平衡，左臂侧举，右臂侧上举。	0.50	
3	左脚踏跳步，两臂侧波浪。	0.50	
4	右腿经前吸至前举腿立，左臂上举，右臂侧举，接向前并步跳，两臂侧举。	0.50	
5	2 次五位至二位立，两臂侧举依次转动手腕；向右右腿侧吸腿转体 360°，手臂二位。	0.50	
6	右脚踏跳步，两臂侧波浪。	0.50	
7	左腿经前吸至前举腿立，右臂上举，左臂侧举，接向前并步跳，两臂侧举。	0.50	
8	2 次五位至二位立，两臂侧举依次转动手腕；向左左腿侧吸腿转体 360°，手臂二位。	0.50	
9	两腿开立，躯干向右绕环，结合手臂动作。	0.50	
10	双脚起跳的鹿跳，两臂侧上举。	0.50	
11	2 次向右后踢腿跳转 360°，两臂上下摆动。	0.50	
12	前滚翻。	0.50	
合　计		6.00	

（八）四级绳操

1. 四级绳操难度动作分值和规格。

表 4-2-1　四级绳操难度动作分值和规格表

序号	动作	分值/分	动作规格	未完成界限
1	直立双膝弹动，同时两手持绳体侧向前"8"字绕环 2 次。	0.50	体侧"8"字绕环：绕环面与地面垂直，动作连贯、流畅、圆滑。	未形成"8"字绕环。
2	向左踏步翻身360°，同时两手持绳向左上方摆动绳至左脚踩绳。	0.50	踏步翻身360°：翻身时头部位置固定，保持胸腰的后屈，动作幅度大，翻转充分，动作流畅，重心平稳。 摆动：绳保持弧形沿额状面划立圆，动作连贯、舒展。	翻身时无明显胸腰后屈的动作，或翻转不足315°。 未完成绳的摆动动作。
3	左、右侧弓步 3 次，同时两手持绳体前后"8"字绕环。	0.50	体前后"8"字绕环：绕环面与地面垂直，动作连贯、流畅。	未形成"8"字绕环。
4	右、左腿前吸腿接并步跳 3 次，同时右手体前向内垂直转动绳，左臂侧举；起踵立，两臂上举持双折绳。	0.50	前吸腿接并步跳：动作连贯，有腾空，前吸腿时动力腿大腿面在 90°。 体前垂直转动绳：动作连贯，绳形直，绳的转动面与地面垂直。	前吸腿时动力腿大腿面低于 60°，或并步跳无腾空。 未完成垂直转动绳动作。

序号	动作	分值/分	动作规格	未完成界限
5	后踢腿跑,同时右手持绳体侧向前"8"字绕环2次,左臂前举。(注:集体项目为协作动作。)	0.50	体侧"8"字绕环:绕环面与地面垂直,动作连贯、流畅。	未形成"8"字绕环。
6	向前摇绳屈直腿过绳小跳和高抬腿过绳小跳各4次。	0.50	过绳小跳:小跳节奏清晰,摇绳动作连贯、圆滑,上下肢配合协调。高抬腿小跳时动力腿大腿面在90°。	脚碰绳导致小跳中断,或高抬腿时动力腿大腿面低于60°。
7	左腿前吸腿平衡接后踢腿,同时右臂上举向外水平转动绳,左臂侧举。	0.50	前吸腿平衡:重心平稳,动力腿大腿面在90°,有明显停顿。水平转动绳:动作连贯、流畅,绕环面与地面平行。	动力腿大腿面低于60°,或没有明显停顿。未完成水平转动绳动作。
8	两腿夹绳向右旋转360°,两臂侧上举,接起踵立,两手持绳的两端。	0.50	两腿夹绳平转:平转重心平稳,立踵高,旋转角度准确,绳形清晰。	平转不足315°。旋转中绳脱落。
9	4次向后摇绳原地过绳小跳。	0.50	过绳小跳:小跳节奏清晰,摇绳动作连贯、圆滑,上下肢配合协调。	脚绊绳导致小跳中断。

序号	动作	分值/分	动作规格	未完成界限
9				
10	5 次向后摇绳向前行进间后踢腿过绳小跳。	0.50	过绳小跳：小跳节奏清晰，摇绳动作连贯、圆滑，上下肢配合协调。	脚绊绳导致小跳中断。
11	左、右脚做"插秧"步接并步跳，同时右、左手持绳依次体前后"8"字绕环。	0.50	"插秧"步接并步跳："插秧"步抬腿和下落动作要迅速有力，抬腿时大腿面在 90°；并步跳动作连贯，有腾空。体前后"8"字绕环：绕环面与地面垂直，动作连贯、流畅、圆滑。	并步跳无腾空。未形成"8"字绕环。
12	右脚踏跳步，同时右臂上举向外水平转动绳，左臂侧举，接向右坐转 180°。	0.50	踏跳步：腾空高，两腿开度在 90°以上，落地轻。水平转动绳：动作连贯、流畅，绕环面与地面平行。	踏跳步两腿开度小于 60°。未完成水平转动绳动作。

2. 四级绳操成套动作路线见图 4-2-1。

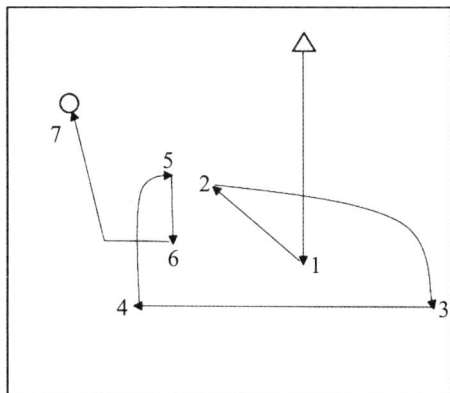

图 4-2-1

3. 四级绳操难度动作评分表。

表 4-2-2　四级绳操难度动作评分表

序号	难度动作	分值/分	裁判评分/分
1	直立双膝弹动，同时两手持绳体侧向前"8"字绕环 2 次。	0.50	
2	向左踏步翻身 360°，同时两手持绳向左上方摆动绳至左脚踩绳。	0.50	
3	左、右侧弓步 3 次，同时两手持绳体前后"8"字绕环。	0.50	
4	右、左脚前吸腿接并步跳 3 次，同时右手体前向内转动绳，左臂侧举；起踵立，两臂上举持双折绳。	0.50	
5	后踢腿跑，同时右手持绳体侧向前"8"字绕环 2 次，左臂前举。（注：集体项目为协作动作。）	0.50	
6	向前摇绳屈直腿过绳小跳和高抬腿过绳小跳各 4 次。	0.50	
7	左腿前吸腿平衡后踢腿，同时右臂上举向外水平转动绳，左臂侧举。	0.50	
8	两腿夹绳向右旋转 360°，两臂侧上举，接起踵立，两手持绳的两端。	0.50	
9	4 次向后摇绳原地过绳小跳。	0.50	
10	5 次向后摇绳向前行进间后踢腿过绳小跳。	0.50	
11	左、右脚做"插秧"步接并步跳，同时右、左手持绳依次体前后"8"字绕环。	0.50	
12	右脚踏跳步，同时右臂上举向外水平转动绳，左臂侧举，接向右坐转 180°。	0.50	
	合　计	6.00	

（九）五级徒手操

1. 五级徒手操难度动作分值和规格。

表 5-1-1　五级徒手操难度动作分值和规格表

序号	动作	分值/分	动作规格	未完成界限
1	向前身体波浪，两臂由前举向后绕至上举。	0.50	向前身体波浪：幅度充分，动作连贯、柔和、圆滑，重心平稳。	未形成身体波浪效果。
2	左腿屈膝后举腿平衡，两臂侧举。	0.50	屈膝后举腿平衡：重心平稳，立踵高，两腿开度 90°，有明显停顿。	两腿开度不足 60°，或没有明显停顿和立踵。
3	右脚踏跳步，右臂前上举，左臂侧后举。	0.50	踏跳步：腾空高，两腿开度大于 90°，落地轻。	两腿开度小于 60°。
4	向右身体侧波浪，接向前身体波浪，结合手位变化。	0.50	身体侧波浪和前波浪：动作柔和、连贯、圆滑，幅度充分，重心平稳。	未形成身体波浪效果。
5	小跨跳，两臂体前小波浪，接鹿跳同时两臂侧上举。	0.50	小跨跳：两腿伸直，有明显的腾空，两腿开度 90°，落地轻。鹿跳：腾空高，两腿开度 180°，前腿充分折叠，落地轻。	小跨跳两腿开度小于 60°。鹿跳两腿开度小于 135°，或前腿折叠度数大于 60°。

序号	动作	分值/分	动作规格	未完成界限
5				
6	向右左腿前吸腿转体360°，两臂位于体侧。	0.50	前吸腿转体：重心平稳，立踵高，动力腿大腿面在90°，旋转充分。	动力腿大腿面低于60°，或转体不足315°。
7	2次华尔兹步右转180°，结合手位变化。	0.50	华尔兹步右转180°：动作协调、连贯、柔和，步幅均匀，旋转充分、准确。	未形成华尔兹步，或旋转度数不足。
8	跨跳，左臂前举，右臂侧举。	1.00	跨跳：腾空高，姿态准确，两腿开度180°，落地轻。	两腿开度小于135°。
9	左腿滑叉，右腿并于左腿，同时身体向左旋转360°至仰卧。	0.50	滑叉：滑叉时两腿分开达180°，直腿贴地，动作流畅，身体正直。	滑叉时两腿开度小于135°。

序号	动作	分值/分	动作规格	未完成界限
10	左手撑地经桥顶胸腰起至起踵立，两臂上举。	0.50	顶胸腰起：动作连贯，幅度大，顶胸腰起时要经过桥的姿势，重心平稳。	顶胸腰起时未经过桥的姿势。
11	2次屈膝交换腿跳，手臂六位。	0.50	屈膝交换腿跳：两腿保持外开，空中屈膝交换腿，动作轻盈、连贯，腾空高。	没有在空中交换腿。

2. 五级徒手操成套动作路线见图 5-1-1。

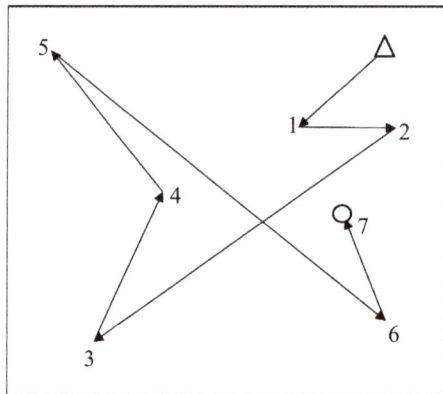

图 5-1-1

3. 五级徒手操难度动作评分表。

表 5-1-2　五级徒手操难度动作评表

序号	难度动作	分值/分	裁判评分/分
1	向前身体波浪，两臂由前举向后绕至上举。	0.50	
2	左腿屈膝后举腿平衡，两臂侧举。	0.50	
3	右脚踏跳步，右臂前上举，左臂侧后举。	0.50	
4	向右身体侧波浪，接向前身体波浪，结合手位变化。	0.50	

序号	难度动作	分值/分	裁判评分/分
5	小跨跳，两臂体前小波浪，接鹿跳同时两臂侧上举。	0.50	
6	向右左腿前吸腿转体360°，两臂位于体侧。	0.50	
7	2次华尔兹步右转180°，结合手位变化。	0.50	
8	跨跳，左臂前举，右臂侧举。	1.00	
9	左腿滑叉，右腿并于左腿，同时身体向左旋转360°至仰卧。	0.50	
10	左手撑地经桥顶胸腰起至起踵立，两臂上举。	0.50	
11	2次屈膝交换腿跳，手臂六位。	0.50	
	合　计	6.00	

（十）五级棒操

1. 五级棒操难度动作分值和规格。

表 5-2-1　五级棒操难度动作分值和规格表

序号	动作	分值/分	动作规格	未完成界限
1	左、右腿依次前吸腿立，同时两手持棒体侧向后垂直小绕环。	0.50	前吸腿立：重心平稳，立踵高，动力腿大腿面在90°，稍有停顿。 垂直小绕环：转动圆滑，速度均匀，绕环面垂直于地面。	前吸腿立动力腿大腿面低于60°。 小绕环动作不连贯。
2	后踢腿跑，同时右、左手依次小抛和接棒3次（向内翻转小抛2次，第三次向外翻转小抛）。	0.50	小抛和接棒：转动速度快，小抛不超过头的高度，转动面垂直于地面，接棒准确。	小抛和接棒动作不连贯，或未接住棒。
3	右腿前吸腿跳，同时左手持棒向前大绕环，右手持棒向后垂直小绕环。	0.50	前吸腿跳：腾空高，动力腿大腿面在90°，落地轻。 双棒的不对称动作：左右手动作配合协调，绕环面和转动面垂直于地面。	前吸腿跳动力腿大腿面低于60°。 未形成棒的不对称动作。

序号	动作	分值/分	动作规格	未完成界限
3				
4	足尖碎步向左旋转270°，两手持棒体前水平小五花。 	0.50	足尖碎步旋转：动作自然、协调，立踵高，旋转充分，重心平稳。 小五花：五花面平正、准确，动作连贯、流畅，速度均匀，绕环面平行于地面，两棒始终保持相差180°的关系。	足尖碎步旋转度数不足。 小五花时两臂分开过大，或未形成小五花。
5	右手水平中抛棒，同时左手持棒体侧向后垂直小绕环，然后右手用另一棒低姿压棒接，接单肩前滚翻。 	0.50	水平中抛棒，低姿压棒接：棒在空中时保持在水平面，抛的高度为运动员身高的一至两倍。压棒接果断、迅速且准确。 单肩前滚翻：经肩部向前滚动，迅速、圆滑而平稳。	抛的高度不足，或未接住棒。 前滚翻未经过肩部，或前滚翻滚动中断。
6	右腿前举腿跳，同时腿下传递双棒。 	0.50	前举腿跳，腿下传递棒：腾空高，动力腿伸直并前举至90°，腿下迅速传递双棒。	两腿开度小于60°。 未完成传递棒的动作。

序号	动作	分值/分	动作规格	未完成界限
7	向左踏步翻身360°，同时两手持棒向左摆动。	0.50	踏步翻身360°：翻身时头部位置固定，保持胸腰的后屈，动作幅度大，翻转充分，动作流畅，重心平稳。摆动：动作幅度大、松弛，棒与手臂在一条直线上。	翻身时无明显胸腰后屈的动作，或旋转不足315°。未完成棒的摆动动作。
8	左腿屈膝后举腿平衡，同时两臂上举敲击棒。	0.50	屈膝后举腿平衡：重心平稳，立踵高，两腿开度90°，有明显停顿。敲击：敲击准确，节奏明显。	屈膝后举腿平衡，两腿开度小于60°，或没有明显的停顿和立踵。未完成敲击棒的动作。
9	向前身体波浪，同时两臂向前大绕环并结合双棒向前垂直小绕环。	0.50	向前身体波浪：幅度充分，动作连贯、柔和、圆滑，重心平稳。垂直小绕环：转动圆滑，速度均匀，绕环面垂直于地面。	未形成身体波浪效果。未完成棒的小绕环动作。
10	右手大抛单棒，左手持棒体侧向后垂直小绕环，接棒时向右摆臂屈腿跳转360°。（注：集体项目为起踵立接棒。）	0.50	大抛和接：棒在空中翻转平稳，垂直地面，抛的高度超过运动员身高的两倍。屈腿跳转360°：跳步动作轻巧，空中姿态和旋转角度准确，上体、手臂及头部配合协调。	抛棒的高度不足，或未接住棒。屈腿跳未腾空，或旋转不足315°。

序号	动作	分值/分	动作规格	未完成界限
10				
11	足尖碎步向右、左侧移动接左、右腿侧吸腿立，同时两手持棒体前水平小五花。	0.50	侧吸腿立：重心平稳，立踵高，动力腿大腿面在90°。 小五花：五花面平正、准确，动作连贯、流畅，速度均匀，每个绕环面平行于地面，两棒始终保持相差180°的关系。	侧吸腿立动力腿大腿面低于60°。 小五花时两臂分开过大，或未形成小五花。
12	肩肘倒立，同时体后敲击棒2次。	0.50	肩肘倒立：以肩肘为支点身体倒立，身体正直，并有明显停顿。 敲击：敲击准确，节奏明显。	未形成肩倒立姿态，或没有明显停顿。 未完成棒的敲击动作。

2. 五级棒操成套动作路线见图 5-2-1。

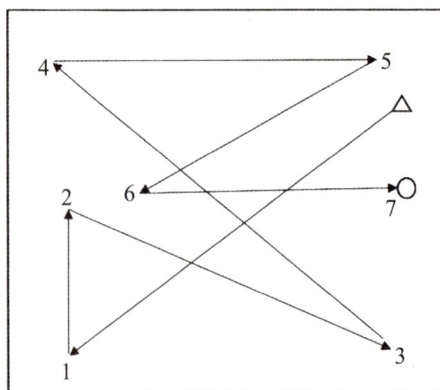

图 5-2-1

3. 五级棒操难度动作评分表。

表 5-2-2　五级棒操难度动作评分表

序号	难度动作	分值/分	裁判评分/分
1	左、右腿依次前吸腿立，同时两手持棒体侧向后垂直小绕环。	0.50	
2	后踢腿跑，同时右、左手依次小抛和接棒 3 次(向内翻转小抛 2 次，第三次向外翻转小抛)。	0.50	
3	右腿前吸腿跳，同时左手持棒向后大绕环，右手持棒向后垂直小绕环。	0.50	
4	足尖碎步向左旋转 270°，两手持棒体前水平小五花。	0.50	
5	右手水平中抛棒，同时左手持棒体侧向后垂直小绕环，然后右手用另一棒低姿压棒接，接单肩前滚翻。	0.50	
6	右腿前举腿跳，同时腿下传递双棒。	0.50	
7	向左踏步翻身 360°，同时两手持棒向左摆动。	0.50	
8	左腿屈膝后举腿平衡，同时两臂上举敲击棒。	0.50	
9	向前身体波浪，同时两臂向前大绕环并结合双棒向前垂直小绕环。	0.50	
10	右手大抛单棒，左手持棒体侧向后垂直小绕环，接棒时向右摆臂屈膝跳转 360°。(注：集体项目为起踵立接棒。)	0.50	
11	足尖碎步向右、左侧移动接左、右腿侧吸腿立，同时两手持棒体前水平小五花。	0.50	
12	肩肘倒立，同时体后敲击棒 2 次。	0.50	
合　计		6.00	

(十一)六级徒手操

1. 六级徒手操难度动作分值和规格。

表 6-1-1　六级徒手操难度动作分值和规格表

序号	动作	分值/分	动作规格	未完成界限
1	向右右腿侧吸腿跳转 360°，手臂一位。	0.50	侧吸腿跳转 360°：腾空高，身体纵轴垂直于地面，旋转充分，落地轻。	跳转不足 315°。
2	跨跳，左臂前举，右臂侧举。	1.00	跨跳：腾空高，姿态准确，两腿开度 180°，落地轻。	两腿开度不足 135°。

序号	动作	分值/分	动作规格	未完成界限
3	左腿前下举经侧吸腿至后举腿平衡,两臂侧上举。	0.50	后举腿平衡:重心平稳,立踵高,两腿开度90°,有明显停顿。	两腿开度小于60°,或没有明显停顿和立踵。
4	向左踏步翻身360°,两臂侧举。	0.50	踏步翻身360°:翻身时头部位置固定,保持胸腰的后屈,动作幅度大,翻转充分,动作流畅,重心平稳。	翻身时无明显胸腰后屈的动作,或旋转不足315°。
5	2次身体螺旋波浪,两臂随身体"8"字绕环。	0.50	身体螺旋波浪:幅度充分,动作连贯、柔和、圆滑,重心平稳。	未形成螺旋波浪效果。
6	右腿向前滑叉同时上体后屈,左手撑地,右臂向外大绕环。(注:集体项目为协作动作。)	0.50	滑叉上体后屈:两腿开度180°,直腿贴地,保持外旋,上体充分后屈。	两腿开度小于135°,或上体后屈不足60°。
7	3次连续小跨跳,结合手位变化。	0.50	小跨跳:两腿伸直,有明显的腾空,两腿开度90°,落地轻,3次小跨跳动作连贯。	两腿开度小于60°,或小跨跳不足3次。

序号	动作	分值/分	动作规格	未完成界限
7				
8	向右左腿前吸腿转体360°，右、左手分别位于腹部和背部。	0.50	前吸腿转体：重心平稳，立踵高，旋转充分，动力腿大腿面在90°。	动力腿大腿面低于60°，或转体不足315°。
9	跪立，躯干向右绕至上体后屈，两臂胸前交叉，接跪撑躯干波浪。	0.50	躯干绕至上体后屈：动作协调，速度均匀，屈体应在腰水平线。跪撑躯干波浪：动作连贯、柔和，屈伸幅度充分。	躯干明显高于腰水平面。未形成身体波浪效果。
10	向后身体波浪，同时两臂向后绕至下垂。	0.50	向后身体波浪：幅度充分，动作连贯、柔和、圆滑，重心平稳。	未形成身体波浪效果。

序号	动作	分值/分	动作规格	未完成界限
11	鹿跳结环，两臂侧上举。	0.50	鹿跳结环：腾空高，两腿开度180°，前腿充分折叠，空中躯干后屈与腿形成环形，落地轻。	两腿开度小于135°，或前腿折叠度数大于60°，或空中后腿未形成环形。

2. 六级徒手操成套动作路线见图 6-1-1。

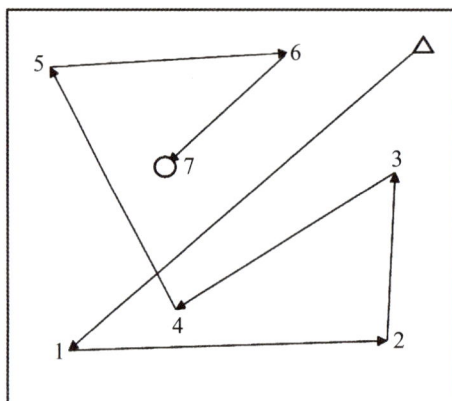

图 6-1-1

3. 六级徒手操难度动作评分表。

表 6-1-2　六级徒手操难度动作评分表

序号	难度动作	分值/分	裁判评分/分
1	向右右腿侧吸腿跳转360°，手臂一位。	0.50	
2	跨跳，左臂前举，右臂侧举。	1.00	
3	左腿前下举经侧吸腿至后举腿平衡，两臂侧上举。	0.50	
4	向左踏步翻身360°，两臂侧举。	0.50	
5	2次身体螺旋波浪，两臂随身体"8"字绕环。	0.50	
6	右腿向前滑叉同时上体后屈，左手撑地，右臂向外大绕环。（注：集体项目为协作动作。）	0.50	
7	3次连续小跨跳，结合手位变化。	0.50	
8	向右左腿前吸腿转体360°，右、左手分别位于腹部和背部。	0.50	
9	跪立，躯干向右绕至上体后屈，两臂胸前交叉，接跪撑躯干波浪。	0.50	

序号	难度动作	分值/分	裁判评分/分
10	向后身体波浪，同时两臂向后绕至下垂。	0.50	
11	鹿跳结环，两臂侧上举。	0.50	
	合　计	6.00	

（十二）六级带操

1. 六级带操难度动作分值和规格。

表 6-2-1　六级带操难度动作分值和规格表

序号	动作	分值/分	动作规格	未完成界限
1	原地足尖碎步向右旋转675°，同时右手持带体前螺形划立圆，左臂侧举。	0.50	足尖碎步旋转：动作自然、协调，立踵高，旋转充分，重心平稳。 螺形：螺形要有 4～5 个大小相等、距离均匀的圆环，动作连贯、圆滑、流畅。	足尖碎步旋转度数不足。 螺形的圆环少于 4 个。
2	右手持带在地面左右摆动带，足尖步从带上通过 4 次，接体前后"8"字绕环，左臂侧举。（重复一次）	0.50	足尖步带上通过：带的摆动幅度均匀、对称，摆动与过带配合协调，动作连贯。 体前后"8"字绕环：带在体前和体后做对称的两个圆形，带形成的"8"字与地面垂直，动作圆滑、流畅、连贯。	过带时脚踩带或缠带。 带未形成"8"字效果。
3	左腿经前吸腿至前举，然后经侧吸腿至后举腿平衡，同时右手持带体侧螺形，左臂侧举。	0.50	后举腿平衡：重心平稳，立踵高，两腿开度 90°，有明显停顿。 螺形：螺形要有 4～5 个大小相等、距离均匀的圆环，动作连贯、圆滑、流畅。	后举腿平衡两腿开度小于 60°，或没有明显停顿和立踵。 螺形的圆环少于 4 个。

序号	动作	分值/分	动作规格	未完成界限
3				
4	2 次五位交换腿小跳，同时右手持带体前水平蛇形，左臂侧举。	0.50	五位交换腿小跳：空中姿态准确，两腿绷直外旋，动作轻盈、连贯，节奏鲜明。 水平蛇形：蛇形要有 4～5 个距离均匀、幅度相等的波浪，带的图形与地面平行，动作连贯、流畅。	五位交换腿小跳脚位不正确。 蛇形的波浪少于 4 个。
5	小跨跳，同时右手持带棍，左手持带尾做头上由后向前水平蛇形。	0.50	小跨跳：两腿伸直，有明显的腾空，两腿开度 90°，落地轻。 水平蛇形：蛇形要有 4～5 个距离均匀、幅度相等的波浪，带的图形在空中形成一个弧线，动作连贯、流畅。	小跨跳两腿开度小于 60°。 蛇形的波浪少于 4 个。
6	向右踏步翻身 360°，同时右手持带棍，左手持带尾向右摆动带。	0.50	踏步翻身 360°：翻身时头部位置固定，保持胸腰的后屈，动作幅度大，翻转充分，动作流畅，重心平稳。 摆动：带形清晰、流畅，没有波浪和响声。	翻身时无明显胸腰后屈的动作，或旋转不足 315°。 未完成带的摆动动作。

序号	动作	分值/分	动作规格	未完成界限
7	射雁跳同时右手体侧螺形，左臂上举，接屈腿跳，右手头上由后向前下水平蛇形，左臂侧举。	0.50	射雁跳：腾空高，姿态美，上体右转充分，落地轻。 屈腿跳：跳步动作轻巧，腾空高，两腿充分折叠，落地轻。 螺形：螺形要有4～5个大小相等、距离均匀的圆环，动作连贯、圆滑、流畅。 水平蛇形：蛇形要有4～5个距离均匀、幅度相等的波浪，带的图形在空中形成一个弧线，动作连贯、流畅。	射雁跳无腾空。 屈腿跳时小腿折叠度数大于60°。 螺形的圆环少于4个，或蛇形的波浪少于4个。
8	足尖碎步后退，同时右、左手依次小抛带棍。	0.50	小抛带棍：小抛带棍与换握之间配合协调、准确，带形清晰、连贯、流畅。	带棍未离手或未接住带棍。
9	跨跳，同时右手持带两臂向后大绕环。	1.00	跨跳：腾空高，姿态准确，两腿开度180°，落地轻。 向后大绕环：带在体侧绕环，呈圆弧形，没有波浪和响声。	跨跳两腿开度小于135°。 未完成带的大绕环动作。

序号	动作	分值/分	动作规格	未完成界限
10	鹿跳，同时左臂上举做体后水平蛇形，右臂侧举。	0.50	鹿跳：腾空高，两腿开度180°，前腿充分折叠，落地轻。 水平蛇形：蛇形要有4~5个距离均匀、幅度相等的波浪，带的图形在空中形成一个弧线，动作连贯、流畅。	两腿开度小于135°，或前腿折叠度数大于60°。 蛇形的波浪少于4个。
11	右手持带棍，左手持带尾体前向内垂直大绕环，同时小跳从带形成的环中通过3次。	0.50	小跳从带中通过：跳步有腾空，带形清晰，身体和器械动作的配合协调，节奏明显。	从带中通过时脚踩带或带缠身。

2. 六级带操成套动作路线见图 6-2-1。

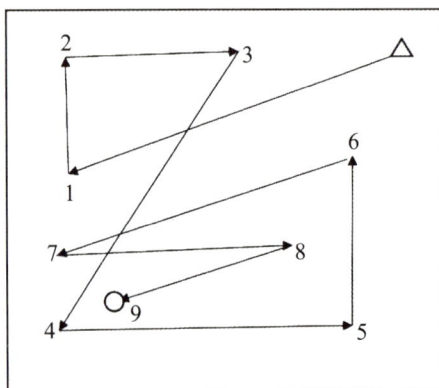

图 6-2-1

3. 六级带操难度动作评分表。

表 6-2-2　六级带操难度动作评分表

序号	难度动作	分值/分	裁判评分/分
1	原地足尖碎步向右旋转 675°，同时右手持带体前螺形划立圆，左臂侧举。	0.50	
2	右手持带在地面左右摆动带，足尖步从带上通过 4 次，接体前后"8"字绕环，左臂侧举。（重复一次）	0.50	
3	左腿经前吸腿至前举，然后经侧吸腿至后举腿平衡，同时右手持带体侧螺形，左臂侧举。	0.50	
4	2 次五位交换腿小跳，同时右手持带体前水平蛇形，左臂侧举。	0.50	
5	小跨跳，同时右手持带棍，左手持带尾做头上由后向前水平蛇形。	0.50	
6	向右踏步翻身 360°，同时右手持带棍，左手持带尾向右摆动带。	0.50	
7	射雁跳同时右手体侧螺形，左臂上举，接屈腿跳，右手头上由后向前下水平蛇形，左臂侧举。	0.50	
8	足尖碎步后退，同时右、左手依次小抛带棍。	0.50	
9	跨跳，同时右手持带两臂向后大绕环。	1.00	
10	鹿跳，同时左臂上举体后水平蛇形，右臂侧举。	0.50	
11	右手持带棍，左手持带尾体前向内垂直大绕环，同时小跳从带形成的环中通过 3 次。	0.50	
	合　　计	6.00	

（十三）七级徒手操

1. 七级徒手操难度动作分值和规格。

表 7-1-1　七级徒手操难度动作分值和规格表

序号	动作	分值/分	动作规格	末完成界限
1	屈直腿跳，两臂侧上举。	0.50	屈直腿跳：腾空高，前举腿大腿面在 90°，起跳腿空中吸至水平，躯干保持正直，落地轻。	前举腿大腿面低于 70°或起跳腿折叠度数大于 45°。
2	向右垂直跳转体 360°，两臂上举。	0.50	垂直跳转 360°：腾空高，身体纵轴垂直于地面，旋转充分，落地轻。	跳转不足 360°。

序号	动作	分值/分	动作规格	未完成界限
2				
3	右腿侧扳腿平衡，右臂侧举。	0.50	侧扳腿平衡：重心平稳，立踵高，两腿开度180°，有明显停顿。	两腿开度小于160°，或没有明显停顿和立踵。
4	右腿前举腿平衡，左臂前举，右臂侧举。	0.50	前举腿平衡：重心平稳，立踵高，两腿开度90°，有明显停顿。	两腿开度小于70°，或没有明显停顿和立踵。
5	向右左腿前吸腿转体360°，两臂侧举转动手腕。	0.50	前吸腿转体：重心平稳，立踵高，旋转充分，动力腿大腿面在90°。	动力腿大腿面小于70°，或转体不足360°。
6	向前、向后击足跳，结合手臂动作。	0.50	击足跳：动作轻巧，有明显腾空和击足动作，空中保持倾斜的姿势。	空中双腿没用明显击足动作。

序号	动作	分值/分	动作规格	未完成界限
7	双脚起跳的鹿跳，两臂侧上举。 	0.50	鹿跳：腾空高，姿态准确，两腿开度180°，前腿充分折叠，落地轻。	两腿开度不足160°，或前腿折叠度数大于45°。
8	向右左腿后举腿转体360°，两臂侧上举。 	0.50	后举腿转体360°：重心平稳，立踵高，两腿开度90°，转体充分。	转体不足360°，或两腿开度小于70°。
9	两手撑地，左腿向后垂直劈腿，结合动力腿屈膝勾脚。 	0.50	垂直劈腿：重心平稳，腿绷直外旋，两腿开度180°，有明显停顿。	两腿开度小于160°。
10	上体后屈，两手撑地成桥。 	0.50	桥形：幅度充分，髋要正。	未形成明显桥形。
11	左腿屈膝后举腿平衡，手臂三位。	0.50	屈膝后举腿平衡：重心平稳，立踵高，两腿开度90°，有明显停顿。	两腿开度不足70°，或没有明显停顿和立踵。

序号	动作	分值/分	动作规格	未完成界限
11				
12	后软翻成半劈腿坐。（注：集体项目为协作动作。）	0.50	后软翻成半劈腿坐：翻转圆滑、连贯，方向正，经双手支撑时，两腿开度大于135°。	后软翻时在垂直部位有停顿。

2. 七级徒手操成套动作路线见图7-1-1。

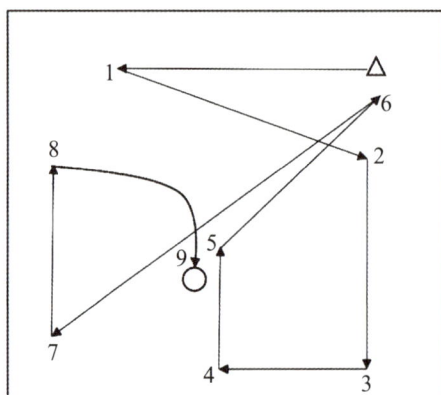

图 7-1-1

3. 七级徒手操难度动作评分表。

表 7-1-2　七级徒手操难度动作评分表

序号	难度动作	分值/分	裁判评分/分
1	屈直腿跳，两臂侧上举。	0.50	
2	向右垂直跳转体360°，两臂上举。	0.50	
3	右腿侧扳腿平衡，右臂侧举。	0.50	
4	右腿前举腿平衡，左臂前举，右臂侧举。	0.50	
5	向右左腿前吸腿转体360°，两臂侧举转动手腕。	0.50	
6	向前、向后击足跳，结合手臂动作。	0.50	

序号	难度动作	分值/分	裁判评分/分
7	双脚起跳的鹿跳，两臂侧上举。	0.50	
8	向右左腿后举腿转体360°，两臂侧上举。	0.50	
9	两手撑地，左腿向后垂直劈腿，结合动力腿屈膝勾脚。	0.50	
10	上体后屈，两手撑地成桥。	0.50	
11	左腿屈膝后举腿平衡，手臂三位。	0.50	
12	后软翻成半劈腿坐。（注：集体项目为协作动作。）	0.50	
	合　计	6.00	

（十四）七级绳操

1. 七级绳操难度动作分值和规格。

表 7-2-1　七级绳操难度动作分值和规格表

序号	动作	分值/分	动作规格	未完成界限
1	鹿跳过绳。	0.50	鹿跳过绳：腾空高，过绳跳动作轻巧、协调，两腿开度180°，前腿充分折叠，落地轻。	鹿跳两腿开度小于160°，或前腿折叠度数大于45°。脚绊绳导致中断动作。
2	原地双摇过绳小跳（直腿、屈腿各2次）。	0.50	双摇过绳小跳：腾空高，身体正直，摇绳速度快，小跳节奏清晰，动作轻盈。	脚绊绳导致动作中断。
3	向右吸腿翻身360°，同时两手持绳向右摆动。	1.00	吸腿翻身360°：翻身时头部位置固定，保持胸腰的后屈，动作幅度大，翻转充分，动作流畅，重心平稳。摆动：绳保持弧形沿额状面划立圆，动作连贯、舒展。	翻身时无明显胸腰后屈的动作，或旋转不足360°。未完成绳的摆动动作。

序号	动作	分值/分	动作规格	未完成界限
3				
4	足尖步后退，同时体前后"8"字绕环，然后右手持绳的一端体前垂直转动绳，并接绳。	0.50	体前后"8"字绕环：绕环面与地面垂直，动作连贯、流畅、圆滑。 单手持绳的一端垂直转动绳：绳的转动连贯，绳面与地面垂直，接绳准确。	未形成"8"字绕环。 单绳转动时未形成转动动作，或未接住绳。
5	足尖碎步向右旋转360°，同时右手持绳的一端体前水平转动绳，然后接绳。	0.50	足尖碎步旋转：动作自然、协调，立踵高，旋转充分，重心平稳。 单手持绳的一端水平转动绳：绳的转动连贯，绳面与地面平行，接绳准确。	足尖碎步旋转不足360°。 单绳转动时未形成转动动作，或未接住绳。
6	左腿屈膝后举腿平衡，同时右手体侧向前转动绳，左臂侧上举。	0.50	屈膝后举腿平衡：重心平稳，立踵高，两腿开度90°，有明显停顿。 垂直转动绳：动作连贯，绳形直，绳的转动面与地面垂直。	两腿开度小于70°，或没有明显停顿和立踵。未完成绳的转动动作。

序号	动作	分值/分	动作规格	未完成界限
7	双手持单绳中段体前垂直五花，同时屈膝交换腿跳接足尖碎步向左旋转360°至前吸腿起踵立。	0.50	持绳中段垂直五花：绳在垂直面绕环，并保持相距180°的关系，动作连贯，速度均匀。足尖碎步旋转：动作自然、协调，立踵高，旋转充分，重心平稳。	五花时绳碰身体导致动作中断。足尖碎步旋转不足360°。
8	向后摇绳过绳小跳（屈膝、直膝各2次）。	0.50	小跳过绳：小跳节奏清晰，摇绳动作连贯、圆滑，动作轻盈。	脚绊绳导致动作中断。
9	2次小跨跳过绳。	0.50	小跨跳过绳：有明显的腾空，摇绳动作连贯、圆滑，两腿空中开度90°，落地轻。	两腿开度不足70°，或脚绊绳导致动作中断。
10	两手持双折绳，右、左腿依次屈膝过绳跳4次。	0.50	双折绳过绳跳：腾空高，过绳跳动作轻巧、协调，节奏清晰，落地轻。	脚绊绳导致动作中断。
11	垂直跳，同时右手持双折绳大抛；屈腿跳，双手接绳的两端。（注：集体项目为起踵立接绳的两端。）	0.50	垂直跳大抛绳；跳步动作轻盈，在跳步的最高点抛绳，空中绳的翻转平稳，高度超过运动员身高的两倍。	未在跳步腾空时抛或接绳，或大抛的高度不足，或绳掉地。

序号	动作	分值/分	动作规格	未完成界限
			屈腿跳接绳:跳步动作轻巧,两腿充分后屈,在跳步的最高点两手准确地接绳。	
11				

2. 七级绳操成套动作路线见图 7-2-1。

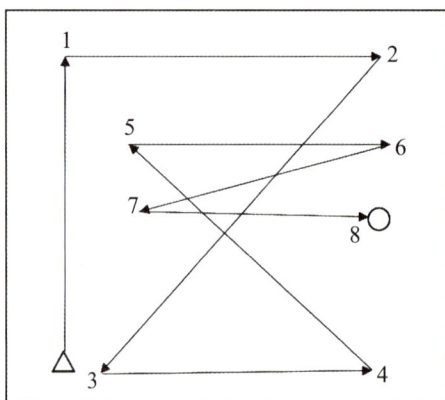

图 7-2-1

3. 七级绳操难度动作评分表。

表 7-2-2　七级绳操难度动作评分表

序号	难度动作	分值/分	裁判评分/分
1	鹿跳过绳。	0.50	
2	原地双摇过绳小跳(直腿、屈腿各 2 次)。	0.50	
3	向右吸腿翻身 360°,同时两手持绳向右摆动。	1.00	
4	足尖步后退,同时体前后"8"字绕环,然后右手持绳的一端体前垂直转动绳,并接绳。	0.50	
5	足尖碎步向右旋转 360°,同时右手持绳的一端体前水平转动绳,然后接绳。	0.50	
6	左腿屈膝后举腿平衡,同时右手体侧向前转动绳,左臂侧上举。	0.50	
7	双手持单绳中段体前垂直五花,同时屈膝交换腿跳接足尖碎步向左旋转 360°至前吸腿起踵立。	0.50	
8	向后摇绳过绳小跳(屈膝、直膝各 2 次)。	0.50	

序号	难度动作	分值/分	裁判评分/分
9	2 次小跨跳过绳。	0.50	
10	两手持双折绳，右、左腿依次屈膝过绳跳 4 次。	0.50	
11	垂直跳，同时右手持双折绳大抛；屈腿跳，双手接绳的两端。（注：集体项目为起踵立接绳的两端。）	0.50	
	合　计	6.00	

（十五）八级徒手操

1. 八级徒手操难度动作分值和规格。

表 8-1-1　八级徒手操难度动作分值和规格表

序号	动作	分值/分	动作规格	未完成界限
1	跪立，躯干向右绕环，两手在头部的两侧。	0.50	躯干绕环：动作协调，幅度充分，速度均匀，屈体应在腰水平线，绕环充分。	躯干明显高于腰水平面，或绕环不足 360°。
2	向后身体波浪，两臂向后绕环至上举。	0.50	向后身体波浪：幅度充分，动作连贯、柔和、圆滑，重心平稳。	未形成身体波浪效果。
3	右腿侧扳腿平衡，左臂上举。	0.50	侧扳腿平衡：重心平稳，立踵高，两腿开度 180°，有明显停顿。	两腿开度小于 160°，或没有明显停顿和立踵。
4	鹿跳结环，两臂侧上举。	0.50	鹿跳结环：腾空高，两腿升度 180°，前腿充分折叠，空中躯干后屈与腿形成环形，落地轻。	两腿开度小于 160°，或前腿折叠度数大于 45°，或空中后腿未形成环形。

序号	动作	分值/分	动作规格	未完成界限
4				
5	向右左腿屈膝后举腿转体360°，手臂三位。	0.50	屈膝后举腿转体360°：重心平稳，立踵高，两腿开度90°，转体充分。	两腿开度小于70°，或转体不足360°。
6	向右左腿前吸腿转体360°，手臂三位。	0.50	前吸腿转体：重心平稳，立踵高，动力腿大腿面在90°，转体充分。	动力腿大腿面小于70°，或转体不足360°。
7	左腿滑叉成仰卧，右、左腿依次在水平面上绕环（乌龙绞柱）成跪立。	0.50	滑叉接乌龙绞柱：滑叉时两腿开度180°，仰卧时两腿大幅度依次水平面绕环，动作连贯。	滑叉时两腿开度不足160°。乌龙绞柱时两腿在水平面以上绕环。
8	左腿后举腿平衡，两臂侧举。	0.50	后举腿平衡：重心平稳，立踵高，两腿开度90°，有明显停顿。	两腿开度小于70°，或没有明显停顿和立踵。

序号	动作	分值/分	动作规格	未完成界限
9	向右垂直跳转360°，两臂侧举。	0.50	垂直跳转360°：腾空高，人体轴心保持垂直，旋转充分，落地轻。	垂直跳转不足360°。
10	跨跳，左臂前举，右臂侧举。	0.50	跨跳：腾空高，姿态准确，两腿开度180°，落地轻。	跨跳两腿开度小于160°。
11	鹿跳，左臂前举，右臂侧举。	0.50	鹿跳：腾空高，姿态准确，两腿开度180°，前腿充分折叠，落地轻。	鹿跳两腿开度小于160°，或前腿折叠度数大于45°。
12	2次向右坐转360°。（注：集体项目为协作动作。）	0.50	坐转：旋转圆滑、连贯，方向正。	每次坐转不足360°。

2. 八级徒手操成套动作路线见图 8-1-1。

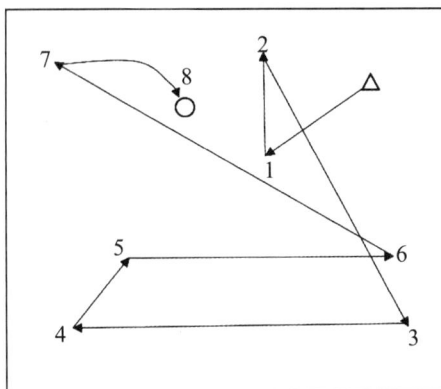

图 8-1-1

3. 八级徒手操难度动作评分表。

表 8-1-2　八级徒手操难度动作评分表

序号	难度动作	分值/分	裁判评分/分
1	跪立,躯干向右绕环,两手在头部的两侧。	0.50	
2	向后身体波浪,两臂向后绕环至上举。	0.50	
3	右腿侧扳腿平衡,左臂上举。	0.50	
4	鹿跳结环,两臂侧上举。	0.50	
5	向右左腿屈膝后举腿转体360°,手臂三位。	0.50	
6	向右左腿前吸腿转体360°,手臂三位。	0.50	
7	左腿滑叉成仰卧,右、左腿依次在水平面上绕环(乌龙绞柱)成跪立。	0.50	
8	左腿后举腿平衡,两臂侧举。	0.50	
9	向右垂直跳转360°,两臂侧举。	0.50	
10	跨跳,左臂前举,右臂侧举。	0.50	
11	鹿跳,左臂前举,右臂侧举。	0.50	
12	2次向右坐转360°。(注:集体项目为协作动作。)	0.50	
	合　　计	6.00	

(十六) 八级圈操

1. 八级圈操难度动作分值和规格。

表 8-2-1　八级圈操难度动作分值和规格表

序号	动作	分值/分	动作规格	未完成界限
1	向右左腿屈膝后举腿转体360°,同时右手上举向外水平转动圈,左臂侧举。	0.50	屈膝后举腿转体360°:重心平稳,立踵高,两腿开度90°,转体充分。水平转动圈:手臂伸直,圈在水平面上转动,圈面平稳,动作连贯、圆滑。	转体不足360°,或两腿开度小于70°。转动圈时圈滑到手臂,或从手中脱落。

序号	动作	分值/分	动作规格	未完成界限
1				
2	左腿屈膝后举腿平衡，同时圈从腿中摆出至侧上举。	0.50	屈膝后举腿平衡：重心平稳，立踵高，两腿开度90°，有明显停顿。 部分身体通过圈：摆圈动作连贯、圆滑，身体动作与器械动作配合协调。	两腿开度小于70°，或没有明显停顿和立踵；未完成通过圈的动作。
3	地面回滚圈，同时两臂依次由上向前摆动。	0.50	地面回滚圈：保持圈面与地面垂直，圈紧贴地面滚动，方向正。	回滚圈时圈倒地。
4	小跑，同时右脚踝部水平转动圈，结合手臂动作。	0.50	踝部转动圈：圈在水平面上转动，圈面平稳，转动速度均匀，动作连贯。	跑动时脚绊圈导致转动中断，或圈从脚踝脱落。
5	鹿跳结环，同时右手体侧向后垂直转动圈，左臂侧举。	0.50	鹿跳结环：腾空高，两腿开度180°，前腿充分折叠，空中躯干后屈与腿形成环形，落地轻。 垂直转动圈：手臂伸直，圈在垂直面上转动，圈面平稳，动作连贯、圆滑。	两腿开度小于160°，或前腿折叠度数大于45°，或空中后腿未形成环形。 转动圈时圈滑到手臂，或从手中脱落。

序号	动作	分值/分	动作规格	未完成界限
5				
6	圈在地面向内绕垂直轴旋转，同时右腿高踢腿从圈上越过后向左旋转360°，右手接圈。	0.50	高踢腿：两腿绷直外旋，身体重心平稳，踢腿幅度大。圈在地面绕垂直轴旋转：圈垂直于地面匀速旋转，旋转时不位移、不跳动。	踢腿时两腿开度小于160°。绕垂直轴旋转时圈倒地。
7	并步跳同时右手大抛圈，跨跳接圈，左臂侧举。	1.00	大抛，跨跳接圈：圈飞行路线准确，抛圈的高度超过运动员身高的两倍。跨跳两腿开度180°，落地轻，腾空时接圈。	跨跳两腿开度不足160°。抛的高度不足，或未在跨跳腾空时接圈，或未接住圈。
8	两臂长滚圈。	0.50	两臂长滚圈：两臂侧平举，圈在臂、胸上滚动要平稳、圆滑。	圈滚动时动作中断。
9	3次两手持圈向左跳转360°通过圈。	0.50	跳转360°通过圈：跳步有腾空，旋转充分，身体和器械动作配合协调。	过圈跳转不足360°。脚绊圈导致动作中断。

序号	动作	分值/分	动作规格	未完成界限
9				
10	足尖步，同时颈部向左水平转动圈，两臂侧下举。	0.50	颈部水平转动圈：圈在水平面转动，转速快，圈面稳定。	转动时圈从颈部脱落。
11	双手水平中抛圈，右手接圈的同时向右旋转360°至结束姿势。	0.50	水平中抛圈：圈在空中保持水平面，抛圈的高度是运动员身高的一至两倍，接圈准确。	圈未保持在水平面，或高度不足，或未接住圈。

2. 八级圈操成套动作路线见图 8-2-1。

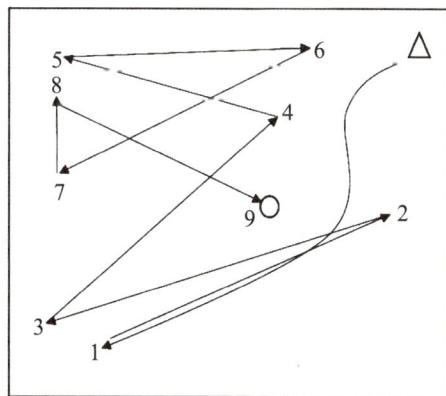

图 8-2-1

3. 八级圈操难度动作评分表。

表 8-2-2　八级圈操难度动作评分表

序号	难度动作	分值/分	裁判评分/分
1	向右左腿屈膝后举腿转体 360°，同时右手上举向外水平转动圈，左臂侧举。	0.50	
2	左腿屈膝后举腿平衡，同时圈从腿中摆出至侧上举。	0.50	
3	地面回滚圈，同时两臂依次由上向前摆动。	0.50	
4	小跑，同时右脚踝部水平转动圈，结合手臂动作。	0.50	
5	鹿跳结环，同时右手体侧向后垂直转动圈，左臂侧举。	0.50	
6	圈在地面向内绕垂直轴旋转，同时右腿高踢腿从圈上越过后向左旋转 360°，右手接圈。	0.50	
7	并步跳同时右手大抛圈，跨跳接圈，左臂侧举。	1.00	
8	两臂长滚圈。	0.50	
9	3 次两手持圈向左跳转 360°通过圈。	0.50	
10	足尖步，同时颈部向左水平转动圈，两臂侧下举。	0.50	
11	双手水平中抛圈，右手接圈的同时向右旋转 360°至结束姿势。	0.50	
	合　计	6.00	

（十七）九级球操

1. 九级球操难度动作分值和规格。

表 9-1-1　九级球操难度动作分值和规格表

序号	动作	分值/分	动作规格	未完成界限
1	向左踏步翻身 360°，同时右手持球，两臂摆动。	0.50	踏步翻身 360°：翻身时头部位置固定，保持胸腰的后屈，动作幅度大，翻转充分，动作流畅，重心平稳。 摆动：动作伸展，握球自然，保持平稳。	无明显胸腰后屈的动作，或旋转不足 360°。未完成球的摆动动作。
2	足尖碎步后退，同时球由背部经双臂滚至双手接球。	0.50	长滚球：球滚动圆滑、平稳、完整，接球准确。	球滚动时动作中断。

序号	动作	分值/分	动作规格	未完成界限
3	跨跳，同时右手拍球，左臂侧举。	0.50	跨跳：腾空高，姿态准确，两腿开度180°，落地轻。 拍球：动作松弛而柔和，节奏清晰，控制球好，方向准确。	两腿开度小于160°。 未完成拍球动作。
4	鹿跳，同时右手体前持球，左臂侧举。	0.50	鹿跳：腾空高，姿态准确，两腿开度180°，前腿充分折叠，落地轻。	两腿开度小于160°，或前腿折叠度数大于45°。
5	左、右腿依次前吸腿接足尖碎步后退，同时两臂长滚球。	0.50	两臂长滚球：球滚动圆滑、平稳、完整，接球准确。	滚动时动作中断。
6	右手大抛球，两臂屈肘接球。（注：集体项目为交换难度动作。）	0.50	大抛和接球，飞行路线和接球准确，抛球的高度超过运动员身高的两倍。	抛球的高度不足，或未接住球。
7	左腿俯平衡，同时在地面左右滚球2次。	1.00	俯平衡：重心稳，腿绷直外旋，两腿开度180°，有明显停顿。 地面滚动球：球在地面滚动圆滑、连贯，接球准确。	两腿开度小于160°，或没有明显停顿。 未完成2次地面滚动球的动作。

序号	动作	分值/分	动作规格	未完成界限
7				
8	向右左腿前吸腿转体360°，同时体后传递球。	0.50	前吸腿转体：重心平稳，立踵高，动力腿大腿面在90°，转体充分。 传递球：身体动作与器械动作配合协调，球的传递动作准确、连贯、流畅。	动力腿大腿面低于70°，或转体不足360°。未完成球的传递动作。
9	并步跳同时右手中抛球，胸部反弹球，左手接球。	0.50	中抛球：飞行路线准确，抛球的高度是运动员身高的一至两倍。 胸部反弹球：动作连贯，反弹动作明显，接球准确。	抛的高度不足。球没用明显胸部反弹动作，或未接住球。
10	向右左腿屈膝后举腿转体360°，同时左手上举持球。	0.50	屈膝后举腿转体：重心平稳，立踵高，两腿开度90°，转体充分。	转体不足360°或两腿开度小于70°。
11	仰卧，两臂上举，身上长滚球至两脚夹球，接单肩后滚翻至跪立上体后屈。	0.50	长滚球：球滚动圆滑、平稳、完整，接球准确。 单肩后滚翻：滚动迅速、圆滑而平稳。	球滚动时动作中断。未完成单肩后滚翻，或翻滚时球掉地。

序号	动作	分值/分	动作规格	未完成界限
	(注：集体项目为协作动作后两脚夹球接单肩后滚翻至跪立上体后屈。)			
11				

2. 九级球操成套动作路线见图 9-1-1。

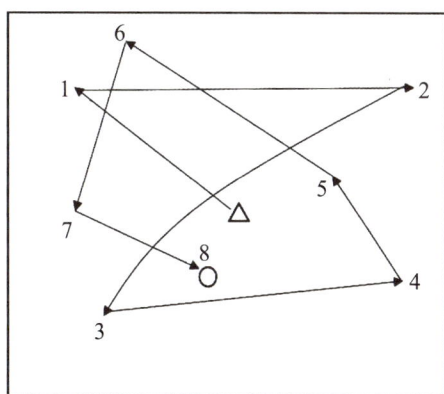

图 9-1-1

3. 九级球操难度动作评分表。

表 9-1-2　九级球操难度动作评分表

序号	难度动作	分值/分	裁判评分/分
1	向左踏步翻身360°，同时右手持球，两臂摆动。	0.50	
2	足尖碎步后退，同时球由背部经双臂滚至双手接球。	0.50	
3	跨跳，同时右手拍球，左臂侧举。	0.50	
4	鹿跳，同时右手体前持球，左臂侧举。	0.50	
5	左、右腿依次前吸腿接足尖碎步后退，同时两臂长滚球。	0.50	
6	右手大抛球，两臂屈肘接球。（注：集体项目为交换难度动作。）	0.50	
7	左腿俯平衡，同时在地面左右滚动球2次。	1.00	
8	向右左腿前吸腿转体360°，同时体后传递球。	0.50	
9	并步跳同时右手中抛球，胸部反弹球，左手接球。	0.50	
10	向右左腿屈膝后举腿转体360°，同时右手上举持球。	0.50	
11	仰卧，两臂上举，身上长滚球至两脚夹球，接单肩后滚翻至跪立上体后屈。（注：集体项目为协作动作后两脚夹球接单肩后滚翻至跪立上体后屈。）	0.50	
	合　计	6.00	

（十八）九级纱巾操

1. 九级纱巾操难度动作分值和规格。

表 9-2-1　九级纱巾操难度动作分值和规格表

序号	动作	分值/分	动作规格	未完成界限
1	反跨跳，同时右手向右上方摆动纱巾，左臂侧上举。	1.00	反跨跳：起跳前的平转速度快、方向正。跨跳腾空高，两腿开度180°，落地轻。摆动：动作伸展，纱巾飘动充分。	两腿开度小于160°。未完成纱巾的摆动动作。
2	向右前吸腿转体360°，同时两臂侧举体后持纱巾。	0.50	前吸腿转体：重心平稳，立踵高，动力腿大腿面在90°，转体充分。	动力腿大腿面低于70°，或转体不足360°。
3	3次向右平转360°，同时右手肩上持纱巾，并将纱巾搭在肩和左臂上。（注：集体项目为协作动作。）	0.50	平转：旋转连贯，转速均匀，并在一条直线上，立踵高。	平转度数不足。
4	左腿滑叉向左旋转360°成仰卧，同时右手持纱巾向左大绕环，接右、左腿依次在水平面上绕环（乌龙绞柱）并在体后传递纱巾。	0.50	滑叉后乌龙绞柱：滑叉时两腿开度180°，仰卧，双腿依次在髋部水平面绕环，动作连贯。传递纱巾：身体动作与器械动作配合协调，纱巾的传递动作准确、连贯、流畅。	滑叉两腿开度小于160°。乌龙绞柱时，双腿在水平面以上绕环。未完成纱巾的传递动作。

序号	动作	分值/分	动作规格	未完成界限
5	跪立向左躯干绕环，同时右手持纱巾向左大绕环。	0.50	躯干绕环：动作协调，速度均匀，屈体应在腰水平线，绕环充分。 大绕环：动作伸展，绕环面准确，纱巾飘动充分。	躯干明显高于水平面，或绕环不足360°。 未完成纱巾的大绕环动作。
5				
6	右手向上抛纱巾，两手接纱巾的另一边。	0.50	抛纱巾：纱巾摆至最高点时抛出，动作伸展，纱巾飘动充分，双手接纱巾准确。	未接住纱巾。
6				
7	两手向后摆动纱巾，左腿俯平衡。	1.00	俯平衡：重心平稳，腿绷直外旋，两腿开度180°，有明显停顿。	两腿开度小于160°，或没有明显停顿。
7				
8	跨跳，两手侧上举，体后持纱巾。	0.50	跨跳：腾空高，姿态准确，两腿开度180°，落地轻。	两腿开度小于160°。
8				
9	2次向右后踢腿跳转（360°、180°），同时两手体后摆动纱巾。	0.50	后踢腿跳转360°：腾空高，空中交换腿，旋转充分，落地轻。 摆动：动作伸展，纱巾飘动充分。	跳转度数不足，或未在空中交换腿。 未完成纱巾的摆动动作。

序号	动作	分值/分	动作规格	未完成界限
9				
10	左腿后举腿向右转体540°，右臂前上举，左臂侧下举。	0.50	后举腿转体：转体充分，腿后举至45°，重心平稳，立踵高。	转体不足540°。

2. 九级纱巾操成套动作路线见图9-2-1。

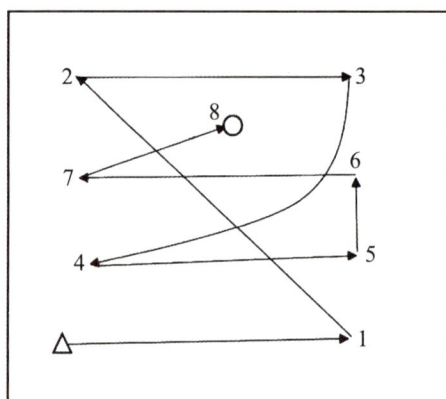

图 9-2-1

3. 九级纱巾操难度动作评分表。

表 9-2-2 九级纱巾操难度动作评分表

序号	难度动作	分值/分	裁判评分/分
1	反跨跳，同时右手向右上方摆动纱巾，左臂侧上举。	1.00	
2	向右前吸腿转体360°，同时两臂侧举体后持纱巾。	0.50	
3	3次向右平转360°，同时右手肩上持纱巾，并将纱巾搭在肩和左臂上。（注：集体项目为协作动作。）	0.50	
4	左腿滑叉向左旋转360°成仰卧，同时右手持纱巾向左大绕环，接右、左腿依次在水平面上绕环（乌龙绞柱）并在体后传递纱巾。	0.50	
5	跪立向左躯干绕环，同时右手持纱巾向左大绕环。	0.50	
6	右手向上抛纱巾，两手接纱巾的另一边。	0.50	

序号	难度动作	分值/分	裁判评分/分
7	两手向后摆动纱巾，左腿俯平衡。	1.00	
8	跨跳，两手侧上举，体后持纱巾。	0.50	
9	2次向右后踢腿跳转（360°、180°），同时两手体后摆动纱巾。	0.50	
10	左腿后举腿向右转体540°，右臂前上举，左臂侧下举。	0.50	
	合　计	6.00	

（十九）十级棒操

1. 十级棒操难度动作分值和规格。

表 10-1-1　十级棒操难度动作分值和规格表

序号	动作	分值/分	动作规格	未完成界限
1	左腿屈膝后举腿平衡，同时两臂侧举两手持棒臂上向内水平小绕环。	0.50	屈膝后举腿平衡：重心平稳，两腿开度90°，有明显停顿。水平小绕环：转动圆滑，速度均匀，绕环面与地面平行。	屈膝后举腿平衡没有明显停顿，或两腿开度小于70°。未完成棒的小绕环动作。
2	俯平衡，同时腿后敲击棒3次。	1.00	俯平衡：重心平稳，腿绷直外旋，两腿开度180°，有明显停顿。敲击：敲击准确，节奏明显。	俯平衡没有明显停顿，或两腿开度小于160°。敲击棒少于3次。
3	反跨跳，同时两臂侧举两手持棒左手向内、右手向外水平小绕环。	1.00	反跨跳：起跳前的平转速度快、方向正。跨跳腾空高，两腿开度180°，落地轻。水平小绕环：转动圆滑，速度均匀，绕环面与地面平行。	反跨跳两腿开度小于160°。未完成棒的小绕环动作。

序号	动作	分值/分	动作规格	未完成界限
4	并步跳，右手大抛单棒，接棒的同时向右后踢腿跳转360°。	0.50	大抛和接棒：棒在空中翻转平稳，飞行路线准确，抛棒的高度超过运动员身高的两倍，接棒与身体动作配合协调。 后踢腿跳转360°：腾空高，空中交换腿，旋转充分，落地轻。	抛棒的高度不足，或未接住棒。 跳转不足360°，或未在空中交换腿。
5	小跨跳，同时两手持棒两臂前举水平小五花。（注：集体项目为协作动作。）	0.50	小跨跳：两腿伸直，有明显的腾空，两腿开度90°，落地轻。 小五花：五花面平正、准确，动作连贯、流畅、速度均匀，每个绕环面平行于地面，两棒始终保持相差180°的关系。	小跨跳两腿开度小于70°。 小五花时两臂分开过大，或未形成小五花。
6	跨跳，同时左手持棒向后垂直大绕环，右手持棒向后垂直小绕环。	0.50	跨跳：腾空高，姿态准确，两腿开度180°，落地轻。 双棒的不对称动作：左、右手动作配合协调，绕环面和转动面垂直于地面。	两腿开度小于160°。 未完成双棒的不对称动作。
7	鹿跳结环，同时左手持棒向后垂直大绕环，右手持棒向后垂直小绕环。	0.50	鹿跳结环：腾空高，两腿开度180°以上，前腿充分折叠，空中躯干后屈与腿形成环形，落地轻。 双棒的不对称动作：左、右手动作配合协调，绕环面和转动面垂直于地面。	两腿开度小于160°，或前腿折叠度数大于45°，或空中后腿未形成环形。 未完成双棒的不对称动作。

序号	动作	分值/分	动作规格	未完成界限
7				
8	向右左腿屈膝后举腿转体360°，同时两臂上举敲击棒。	0.50	屈膝后举腿转体：重心平稳，立踵高，两腿开度90°，转体充分。 敲击：敲击准确，节奏明显。	转体不足360°，或两腿开度小于60°。 未完成棒的敲击动作。
8				
9	向右吸腿翻身360°，同时两手持棒摆动。	0.50	吸腿翻身：翻身时头部位置固定，保持胸腰的后屈，动作幅度大，翻转充分，动作流畅，重心平稳。	无明显胸腰后屈的动作，或旋转不足360°。
9				
10	并步跳，同时右手中抛双棒，两手各接一棒后侧手翻。（注：集体项目为抛双棒后接协作动作。）	0.50	双棒中抛和接：双棒平行，飞行路线和接棒准确，抛棒的高度是运动员身高的一至两倍。 侧手翻：动作伸展，身体沿垂直面，经分腿手倒立，手脚落地成一直线。	抛棒的高度不足，或未接住棒。 侧手翻未经过手倒立部位。
10				

2. 十级棒操成套动作路线见图 10-1-1。

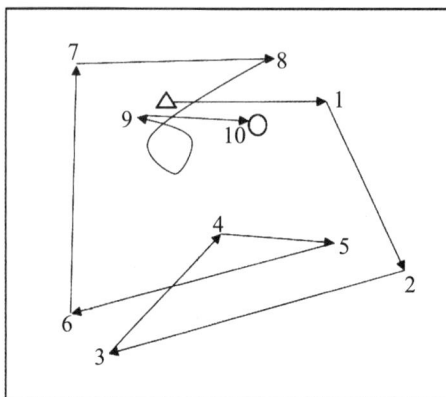

图 10-1-1

3. 十级棒操难度动作评分表。

表 10-1-2　十级棒操难度动作评分表

序号	难度动作	分值/分	裁判评分/分
1	左腿屈膝后举腿平衡，同时两臂侧举两手持棒臂上向内水平小绕环。	0.50	
2	左腿俯平衡，同时腿后敲击棒 3 次。	1.00	
3	反跨跳，同时两臂侧举两手持棒左手向内，右手向外水平小绕环。	1.00	
4	并步跳，右手大抛单棒，接棒的同时向右后踢腿跳转 360°。	0.50	
5	小跨跳，同时两臂前举小五花。（注：集体项目为协作动作。）	0.50	
6	跨跳，同时左手持棒向后垂直大绕环，右手持棒向后垂直小绕环。	0.50	
7	鹿跳结环，同时左手持棒向后垂直大绕环，右手持棒向后垂直小绕环。	0.50	
8	向右左腿屈膝后举腿转体 360°，同时两臂上举敲击棒。	0.50	
9	向右吸腿翻身 360°，同时两手持棒摆动。	0.50	
10	并步跳，同时右手中抛双棒，两手各接一棒后侧手翻。（注：集体项目为抛双棒后接协作动作。）	0.50	
	合　　计	6.00	

（二十）十级带操

1. 十级带操难度动作分值和规格。

表 10-2-1　十级带操难度动作分值和规格表

序号	动作	分值/分	动作规格	未完成界限
1	2 次地面螺形，同时向右后踢腿跳转 360° 通过带。	0.50	后踢腿跳转 360°：腾空高，空中交换腿，旋转充分，落地轻。螺形：螺形要有 4～5 个大小相等、距离均匀的圆环，动作连贯、圆滑、流畅。	后踢腿跳转不足 360°，或没有腾空动作。螺形的圆环少于 4 个。

序号	动作	分值/分	动作规格	未完成界限
1				
2	右腿前扳腿平衡，同时右手体侧螺形。	0.50	前扳腿平衡：重心稳，两腿开度180°，有明显停顿。 螺形：螺形要有 4～5 个大小相等、距离均匀的圆环，动作连贯、圆滑、流畅。	两腿开度小于 160°，或没有明显停顿和立踵。 螺形的圆环少于 4 个。
3	原地足尖碎步向左旋转360°，同时右手向内水平绕环接带棍从螺形中穿进和抽出。 （注：集体项目协作动作后做带棍从螺形中穿进和抽出动作。）	0.50	带棍从螺形中穿进和抽出：螺形要有 4～5 个大小相等、距离均匀的圆环，带棍穿进和抽出的动作迅速、连贯。	螺形的圆环少于 4 个，或带棍没有从螺形中穿进和抽出的动作。
4	向右垂直跳转360°，接4次右手体前向内垂直大绕环小跳通过带。	0.50	垂直跳转360°：腾空高，人体轴心保持垂直，旋转充分，落地轻。 大绕环小跳通过带：小跳有腾空，带形清晰，身体和器械动作配合协调、连贯，节奏明显。	垂直跳转不足360°。 从带中通过时脚踩带或缠带。

序号	动作	分值/分	动作规格	未完成界限
5	反跨跳，同时左手持带摆动。	1.00	反跨跳：起跳前的平转速度快、方向正。跨跳腾空高，两腿开度180°，落地轻。摆动：带在空中伸展，动作连贯、流畅，无响声。	两腿开度小于160°。未完成带的摆动动作。
5				
6	向后拉带抛和接。（注：集体项目为向前拉带抛。）	0.50	拉带抛和接：换握和抛带动作配合协调、准确，器械出手迅速，方向正，带形清晰，拉带及时，接带棍准确。	未接住带棍。
6				
7	2次向右坐转360°，跪立向右躯干绕环，同时右手持带螺形并向右水平绕环。	0.50	躯干绕环：动作协调，速度均匀，屈体应在腰水平线，绕环充分。螺形：螺形要有4～5个大小相等、距离均匀的圆环，动作连贯、圆滑、流畅。	躯干明显高于水平面，或绕环不足。螺形的圆环少于4个。
7				
8	向右左腿屈膝后举腿转体360°，同时右手持带在头上水平大绕环，左臂侧举。	0.50	屈膝后举腿转体：重心平稳，立踵高，两腿开度90°，转体充分。水平大绕环：带在水平面上绕环，带呈圆弧形，没有波浪和响声。	转体不足360°，或两腿开度小于60°。未完成带的大绕环动作。

序号	动作	分值/分	动作规格	未完成界限
8				
9	跨跳，同时右手持带，两臂向后垂直大绕环。	0.50	跨跳：腾空高，姿态准确，两腿开度180°，落地轻。 垂直大绕环：带在垂直面上绕环，带呈圆弧形，没有波浪和响声。	两腿开度小于160°。 未完成带的大绕环动作。
10	鹿跳结环，同时右手持带体侧向后垂直大绕环，左臂侧举。	0.50	鹿跳结环：腾空高，两腿开度180°以上，前腿充分折叠，空中躯干后屈与腿形成环形，落地轻。 垂直大绕环：带在垂直面上绕环，带呈圆弧形，没有波浪和响声。	两腿开度小于160°，或前腿折叠度数大于45°，或空中后腿未形成环形。 未完成带的大绕环动作。
11	并步跳，同时右手持带向后垂直大绕环接大抛带，屈腿跳接。	0.50	大抛带：动作连贯，抛带的高度超过运动员身高的两倍，接带准确。 屈腿跳接带：跳步动作轻巧，腾空高，两腿充分折叠，在跳步的最高点准确地接带。	抛带的高度不足，或未在屈腿跳时接带，或带掉地。

2. 十级带操成套动作路线见图10-2-1。

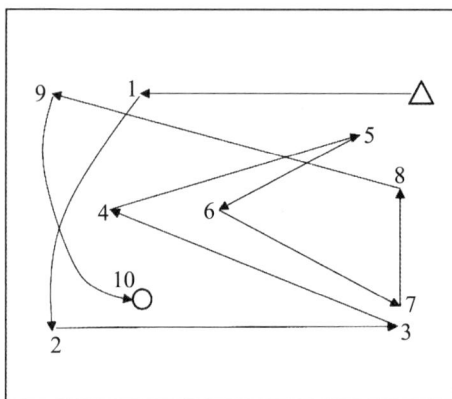

图 10-2-1

3. 十级带操难度动作评分表。

表 10-2-2　十级带操难度动作评分表

序号	难度动作	分值/分	裁判评分/分
1	2次地面螺形，同时向右后踢腿跳转360°通过带。	0.50	
2	右腿前扳腿平衡，同时右手体侧螺形。	0.50	
3	原地足尖碎步向左旋转360°，同时右手向内水平绕环接带棍从螺形中穿进和抽出。(注：集体项目协作动作后做带棍从螺形中穿进和抽出动作。)	0.50	
4	向右垂直跳转360°，接4次右手体前向内垂直大绕环小跳通过带。	0.50	
5	反跨跳，同时左手持带摆动。	1.00	
6	向后拉带抛和接。(注：集体项目为向前拉带抛。)	0.50	
7	2次向右坐转360°，跪立向右躯干绕环，同时右手持带螺形并向右水平绕环。	0.50	
8	向右左腿屈膝后举腿转体360°，同时右手持带在头上水平大绕环，左臂侧举。	0.50	
9	跨跳，同时右手持带，两臂向后垂直大绕环。	0.50	
10	鹿跳结环，同时右手持带体侧向后垂直大绕环，左臂侧举。	0.50	
11	并步跳，同时右手持带向后垂直大绕环接大抛带，屈腿跳接。	0.50	
合　计		6.00	

图书在版编目（CIP）数据

学生艺术体操技术等级评分标准/胡效芳，姚明焰，李红艳编著.—
北京：北京师范大学出版社，2023.2
ISBN 978-7-303-26815-3

Ⅰ.①学… Ⅱ.①胡… ②姚… ③李… Ⅲ.①艺术体操－称号
等级（体育）－标准 Ⅳ.①G834

中国版本图书馆 CIP 数据核字（2021）第 024333 号

教 材 意 见 反 馈　gaozhifk@bnupg.com　010-58805079
营 销 中 心 电 话　010-58807651
北师大出版社高等教育分社微信公众号　新外大街拾玖号

XUESHENG YISHU TICAO JISHU DENGJI PINGFEN BIAOZHUN

出版发行：北京师范大学出版社　www.bnup.com
　　　　　北京市西城区新街口外大街 12-3 号
　　　　　邮政编码：100088
印　　刷：北京盛通印刷股份有限公司
经　　销：全国新华书店
开　　本：787 mm×1 092 mm　1/16
印　　张：6.25
字　　数：131 千字
版　　次：2023 年 2 月第 1 版
印　　次：2023 年 2 月第 1 次印刷
定　　价：39.80 元

策划编辑：周　粟　李　明　　　责任编辑：马力敏
美术编辑：李向昕　　　　　　　装帧设计：李向昕
责任校对：陈　荟　姚安峰　　　责任印制：马　洁

版权所有　侵权必究